LEBENDIGES DEUTSCH FÜR STUDENTEN 1

대학생을 위한 활용 독일어 1

임우영, 강병창, 김해생
박진권, 백인옥, 이완호

문예림

독일 지도

유럽 지도

Lebendiges Deutsch für Studenten I

대학생을 위한 활용 독일어 I

임우영 · 강병창 · 김해생
박진권 · 백인옥 · 이완호 공저

지은이	**임우영**	한국외국어대학교 독일어과 및 동 대학원 졸업 독일 뮌스터(Münster)대학교 문학박사(독문학) 한국외국어대학교 독일어과 교수
	강병창	한국외국어대학교 독일어과 및 동 대학원 졸업 한국외국어대학교 문학박사(독어학) 한국외국어대학교 HK 교수
	김해생	숙명여자대학교 독어독문학과 졸업 한국외국어대학교 통역대학원 독일어과 졸업 한국외국어대학교 대학원 독일어과 졸업 오스트리아 비인(Wien)대학교 문학박사(독어학) 숙명여자대학교, 한국외국어대학교 독일어과 강사
	박진권	한국외국어대학교 독일어과 및 동 대학원 졸업 독일 보쿰(Bochum)대학교 문학박사(독문학) 한국외국어대학교 독일어과 강사
	백인옥	한국외국어대학교 독일어과 및 동 대학원 졸업 독일 콘스탄츠(Konstanz)대학교 문학박사(독문학) 한국외국어대학교 독일어과 강사
	이완호	인천대학교 독어독문학과 졸업 한국외국어대학교 대학원 독일어과 졸업 독일 마르부르크(Marburg)대학교 문학박사(독어학) 인천대학교, 한국외국어대학교 독일어과 강사
녹음		Hans Alexander Kneider (한스 알렉산더 크나이더) Thea Stiehler (테아 슈틸러)
삽화		조민협

대학생을 위한 활용 독일어 I

초판 1쇄 발행 2001년 3월 25일
1차 개정판 발행 2002년 1월 25일
2차 개정판 발행 2004년 1월 25일
3차 개정판 16쇄 인쇄 2025년 2월 20일
3차 개정판 16쇄 발행 2025년 2월 28일

지은이 임우영·강병창·김해생·박진권·백인옥·이완호
펴낸이 서덕일
펴낸곳 도서출판 문예림

출판등록 1962.7.12 (제406-1962-1호)
주소 경기도 파주시 회동길 366 (10881)
전화 02)499-1281~2 팩스 02)499-1283
전자우편 info@moonyelim.com **홈페이지** www.moonyelim.com

ISBN 978-89-7482-773-1(13790)

잘못된 책이나 파본은 교환해 드립니다.
본 책은 저작권법에 의해 보호를 받는 저작물이므로 무단 전재와 복제를 금합니다.

책머리에

이 교재는 대학에서 독일어를 처음 배우는 학생들을 위해서 만들어진 책이다. 따라서 학생들이 평소에 알고 있던 외국어 중에는 독일어도 많이 포함되어 있다는 사실을 상기시켜 주면서 독일어와 쉽게 친숙해지도록 했다. 아울러 외국어를 배우는 데 있어 발음도 중요하기 때문에 학생들이 처음부터 정확한 독일어를 습득할 수 있도록 배려하였다. 또한 독일어는 이제 더 이상 눈으로만 배우는 언어가 아니라, 입으로 익혀야 한다는 생각에서 학생들이 현재 독일에서 쓰이고 있는 독일어를 보다 쉽고, 정확하고, 효율적으로 습득할 수 있도록 하기 위해 이 책을 다음과 같이 구성하였다.

1. 우선 각 과(Lektion)마다 그 과에서 익혀야 하는 독일어 기본 문형이 들어 있는 텍스트를 맨 처음 두었다. 그리고 나서 거의 모든 과에 2개의 대화(Dialog) 부분을 두어 회화를 중심으로 독일어를 익힐 수 있게 하였다. 이 두 부분은 독일인들이 녹음한 테이프를 들으면서 따라 읽을 수 있는데, 처음에는 정상속도로, 두 번째는 학생들이 따라 읽을 수 있도록 해 두었다.
2. 문법은 가급적 우리말 설명을 생략하고 학생들 스스로 문형의 원리를 터득할 수 있도록 했다. 그러나 학생들이 혼동할 수 있는 부분이나 이해하기 어려운 부분은 혼자 학습할 때를 고려하여 우리말로 설명해 두었다.
3. 연습문제는 텍스트와 대화를 통해 익힌 독일어구문들을 다양한 변형을 통해 응용할 수 있는 힘을 기를 수 있도록 구성하였다. 또한 독일어 작문 부분을 넣어 우리말을 그 과에서 익힌 독일어 구문으로 옮기는 연습이 가능하도록 하였다.
4. 과의 마지막에는 독일인이 읽는 것을 듣고, 따라 읽으면서 다시 한번 그 단어를 익힐 수 있는 발음연습을 두었다. 만약 발음에 의문이 생기면 도입부에 나오는 발음편을 참조할 수 있다.
5. 각 과마다 필요에 따라 «Wörter und Ausdrücke»나 «Gut zu wissen»을 두었다. «Wörter und Ausdrücke»에서는 그 과에서 배운 내용과 연관된 필요한 정보들과 단어들을 제시해 두었고, «Gut zu wissen»에서는 그 과에서 배운 독일어구문을 기초로 다양한 활용 가능성을 제시해 주었다. 만약 한 과를 다 마치고 개별적으로 받

책머리에

　　아쓰기 연습을 하고 싶을 때에는, 테이프를 이용하여 먼저 정상속도로 읽는 독일어를 들어 본 뒤, 그 다음 따라 읽는 부분에서 받아쓰기 연습을 할 수 있다.
6. 책 뒤에 1권 전체의 단어색인을 넣어 필요한 단어가 어느 과에서 나왔는지 확인해 볼 수 있도록 했다. 또한 명사의 성과 복수형뿐만 아니라 강변화동사 현재형이나 과거형의 원형동사도 쉽게 찾아볼 수 있도록 배려했다.

　　전체적으로 보면 한 과는 텍스트 → 대화1 → 대화2 → 문법 → 연습문제 → 발음연습 → Gut zu wissen의 순서로 구성되어 있다. 그리고 한 과에서 배운 독일어 구문이나 문법 사항을 여러 과에 반복되어 나오게 하여, 자연스럽게 익힐 수 있도록 하였다.

　　이 교재는 어디까지나 독일어를 처음 배우는 학생들을 고려하여 만들어진 책이기 때문에 독일어문법을 깊이 있게 다루지는 않고, 일상생활에서 필요한 수준의 문법만을 취급하였다. 그러나 2권에 수록된 문법 사항을 고려하면, 학생들이 익혀야 할 기초 독일어 문법은 거의 다 포함하고 있다. 이 교재가 학생들이 기초 독일어를 익히는 데 좋은 길잡이가 되었으면 한다.

2001년 2월
저자 일동

개정판을 내면서

『대학생을 위한 활용독일어 I』이 출판된 지 3년만에 개정판이 나오게 되었다. 그 동안 집필자들은 이 교재로 강의를 하면서 보완할 부분을 확인했고 무엇보다 수용자의 입장에 서서 이 책을 비판적으로 평가해 보았다. 그리고 독일어를 스스로 공부하는 학습자를 위해서도 좀 더 쉽고 효과적으로 습득할 수 있는 방법을 모색해 보았다. 따라서 이번 개정판에서는 우선 자습자들의 이해를 돕기 위해 문법 사항에 간략한 우리말 설명을 추가하였다. 또한 어휘 색인에는 단어의 기본 뜻을 주었으며, 한 단어가 여러 가지 의미로 사용되었을 때는 예문을 주어 그 뜻을 구별하였다. 아울러 인명, 지명, 그리고 문법용어의 색인을 따로 두어 학습자들이 필요한 정보를 쉽게 찾아 볼 수 있도록 하였다. 마지막으로 각 단원마다 발음 연습을 강화하였는데, 특히 단어의 음절 나누기를 추가하여 단어강세 연습을 할 수 있도록 배려하였다. 모쪼록 이 개정판이 학습자들에게 기초 독일어를 습득하는 데 좀더 편리하고 유용한 길잡이가 되었으면 한다. 끝으로 이 책을 처음부터 끝까지 꼼꼼하게 검토해주신 아넬리제 슈테른-고 선생님께 감사 드린다.

2003년 12월
저자 일동

3차 개정판을 내면서

『대학생을 위한 활용독일어 I』의 개정판이 나온 지 어느새 10년이라는 세월이 흘렀다. '10년이면 강산도 변한다'고 했는데 그 사이에 우리나라는 물론 독일도 10여 년 전의 상황과는 비교할 수 없을 정도로 엄청난 변화를 겪었고 또 지금도 변화하고 있다. 예를 들어 우리나라에서도 초고속열차인 KTX가 운행되고 있고, 스마트폰으로 전화 통화는 물론 검색과 금융결제에 이르기까지 각종 영역에서의 디지털화가 일상이 되었다. 이에 우리 저자들은 그 동안 이 교재를 가지고 수업해오면서 시대에 맞지 않는 부분이나 어색한 부분을 면밀히 체크하여 수정·보완해왔다. 특히 오늘의 독일은 유럽연합(EU) 없이는 생각할 수 없기 때문에 독일 관련 정보와 통계 등도 현시점에서 가장 새로운 내용으로 교체했다. 뿐만 아니라 문법 설명이나 연습문제에서 발견한 사소한 오류들도 수정·보완하였다. 나아가 이 교재로 수업하는 학생들이 보다 효율적으로 독일어를 습득할 수 있도록 텍스트와 대화부분을 새롭게 녹음했다. 이렇게 함으로써 10년 후 우리 사회가 또 어떤 모습으로 변하게 될지는 모르지만 우리 저자 일동은 이번 3차 개정판을 통해 학생들이 좀 더 편안하고 즐겁게 독일어를 배울 수 있게 되기를 기대한다.

2014년 7월
저자 일동

Inhalt

Das Alphabet 17
발음(Aussprache) 18

Lektion 1 — 22

Wer ist das? - Ich bin Gisela Neumann - Gisela Neumann ist Studentin - Was ist das? - Der Kuli ist lang
- 사람/사물에 대해 묻고 답하기
- 자기 소개하기

Grammatik 27
- 명사의 성
- 특정관사 및 불특정관사 단수 1격
- 지시대명사 *das*(1격)
- 의문대명사 *wer, was*(1격)
- 동사 *sein* 과 인칭대명사 *ich, er, sie, es*(1격)

Übungen 31
Aussprache 34
독일연방공화국(Die Bundesrepublik Deutschland) 36

Lektion 2 — 37

Ich bin Koreaner - Woher kommen Sie? - Spielt ihr heute Tennis?
- 이름, 직업/신분 묻고 답하기
- 인사하기
- 다른 사람 소개하기

Grammatik 40
- 인칭대명사 *wir, ihr/Sie, sie*(1격)
- 동사 *sein*의 현재 인칭변화

- 동사의 현재 인칭변화 I
- *w*-물음문: *wie, wo, woher*
- 어순 I
- 명사의 수
- 예/아니오-물음문

Übungen 45
Aussprache 49
인사말 50
Gut zu wissen 51
Länder und Sprachen 51
독일어(Die deutsche Sprache) 53

Lektion 3   54

Gisela hat drei Geschwister - Wie alt sind Sie? - Ist das deine Familie?
- 개체의 수 말하기
- 직업, 가족, 나이 묻고 답하기

Wörter und Ausdrücke 57
- 수(0-200)
- 명사의 복수형

Grammatik 59
- 동사 *haben*의 현재 인칭변화
- 관사와 격변화 (1, 4격): 특정 관사, 불특정 관사, *kein-*, 소유관사
- 부정: *nicht, kein-*
- 대답: *ja, nein, doch*
- 첨사

Übungen 65
Aussprache 70
Gut zu wissen 71
Familie/Verwandtschaft 72
Berufe 73
유럽연합의 화폐: 유로(Der Euro) 74

Lektion 4 — 75

Wann fährt der Zug nach Busan ab? - Ich finde das Bild schön - Manfred bestellt eine Fahrkarte
- 여행
- 사물/사람에 대한 의사 표시
- 기념품 사기
- 차표 예매

Wörter und Ausdrücke: 합성명사 ········· 78
Grammatik ········· 79
- 동사의 현재 인칭 변화 Ⅱ
- 분리동사와 비분리동사
- 인칭대명사(4격)
- 지시대명사 *der, die, das, die*(1, 4격)
- 전치사: 장소, 방향 Ⅰ

Übungen ········· 85
Aussprache ········· 89
Gut zu wissen ········· 90
프랑크푸르트(Frankfurt am Main) ········· 91

Lektion 5 — 92

Wie spät ist es jetzt? - Um wie viel Uhr fängt das denn an? - Wann fliegen Sie?
- 시간 묻고 답하기
- 전화로 약속하기
- 근황 묻고 답하기

Wörter und Ausdrücke: 하루 중 시간, 요일, 달, 계절 ········· 95
Grammatik ········· 96
- 시각 말하기
- 전치사: 때와 시간, 장소와 방향 Ⅱ
- 시간 단위와 길이
- 3격 목적어를 취하는 동사

- 비인칭 주어 *es*

Übungen ·· 100

Aussprache ·· 104

Gut zu wissen ·· 105

볼로냐 협정(Bologna-Prozess) ·· 106

Lektion 6   107

Bestellen Sie gleich auch ein Taxi!
- Räum das Zimmer endlich auf!
- Räumt bitte den Tisch ab!
- 명령, 요청하기
- 사물의 위치 나타내기

Grammatik ·· 110
- 명령법
- 의문대명사 *wem, wen*
- 전치사와 특정관사의 축약
- 3격 및 4격 목적어를 취하는 동사
- 전치사: 3/4격, 4격, 3격
- 어순 Ⅱ

Übungen ·· 115

Aussprache ·· 120

Gut zu wissen ·· 121

쉰브룬 궁전(Schloss Schönbrunn) ·· 122

Lektion 7   123

Jetzt müssen sie Fahrkarten kaufen - Im Speisewagen möchten sie Essen bestellen
- Morgen können wir etwas über Korea hören
- 기차 여행
- 음식 주문하기

- 초대하기
Wörter und Ausdrücke: 차례수 126
Grammatik 127
- 화법 조동사 *dürfen, können, wollen, müssen, sollen, möchte/mögen*
- 동사원형 + *gehen*
- *brauchen* + *zu* + 동사원형
- 명사의 격변화
- 전치사: 2격

Übungen 132
Aussprache 136
Gut zu wissen 137
독일 철도(Deutsche Bahn / DB) 138

Lektion 8   139

Gisela beeilt sich nicht - Setzen wir uns ans Fenster! - Wofür interessiert ihr euch?
- 일어나기, 씻기, 옷입기
- 취미, 관심사, 장래 희망에 대해 말하기

Grammatik 142
- 동사 *werden, wissen*
- 재귀동사 및 재귀대명사
- 특정 전치사구 목적어를 취하는 동사
- 전치사와 대명사: *wo* + 전치사, *da* + 전치사
- 지시관사 *dies-*

Übungen 147
Aussprache 151
Gut zu wissen 152
독일 영화(Deutsche Filme) 153

Lektion 9   154

Eine E-Mail - Wie war's in Korea? - Haben Sie schon davon gehört?
- e-메일 쓰기
- 여행에 대해 이야기하기
- 일상에서 일어나는 일에 대해 이야기하기

Grammatik 157
- 현재완료
- 분리 또는 비분리 접두어
- *sein, haben*, 화법조동사의 과거
- 비인칭 목적어 *es*

Übungen 163
Aussprache 167
Gut zu wissen 168
분데스리가(Die Bundesliga) 169

Lektion 10   170

Der Hase und die Schildkröte - Wo waren Sie, als der Unfall passierte?
- 동화
- 사건 보고

Grammatik 172
- 과거와 과거완료
- 부문장 I
- 접속사: *als, nachdem, weil, wenn*

Übungen 176
Aussprache 180
Gut zu wissen 182
강변화 동사의 원형 – 과거형– 분사 II 183
독일연방 각 주의 문장(Die Wappen der Bundesländer) ... 185

색인 187
모범 답안 217

Lebendiges Deutsch für Studenten I

대학생을 위한 활용 독일어 I

 Bank
 Post
 Polizei

 Restaurant
 Café
 Supermarkt

 Disko
 Hotel
 Haus

 Bier
 Pizza
 Hamburger

 Bus
 Taxi
 Autobahn

Computer Handy Digitalkamera

Batterie   Lampe   Sofa

 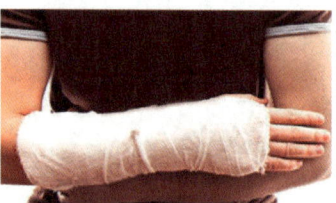 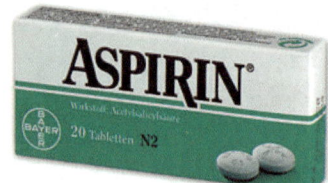

Vitamin   Gips   Aspirin

Banane   Rose   Tomate

Das Alphabet

인쇄체

글자		이름	글자		이름
A	a	[aː]	P	p	[peː]
B	b	[beː]	Q	q	[kuː]
C	c	[t̩seː]	R	r	[ɛr]
D	d	[deː]	S	s	[ɛs]
E	e	[eː]	T	t	[teː]
F	f	[ɛf]	U	u	[uː]
G	g	[geː]	V	v	[faʊ]
H	h	[haː]	W	w	[veː]
I	i	[iː]	X	x	[ɪks]
J	j	[jɔt]	Y	y	[ˈʏpsilɔn]
K	k	[kaː]	Z	z	[t̩sɛt]
L	l	[ɛl]	ß		[ɛsˈt̩sɛt]
M	m	[ɛm]	Ä	ä	[ɛː] (a-Umlaut)
N	n	[ɛn]	Ö	ö	[øː] (o-Umlaut)
O	o	[oː]	Ü	ü	[yː] (u-Umlaut)

필기체

AaBbCcDdEeFfGgHhIiJjKkLlMmNnOo

PpQqRrSsTtUuVvWwXxYyZz ß ÄäÖöÜü

발음(Ausssprache)

일러두기

표시 내용	표시 방법	보기
해당 발음의 글자	진한 파란색	[a] : A lbum
낱말의 강세	강세 음절의 모음을 이탤릭체로 표시	d*a*nke
긴 모음	밑줄로 표시	H<u>aa</u>r, B<u>ah</u>n

A, a	a	[a]	**A**lbum	**K**a**n**ada
		[a:]	N**a**me	B**a**den-B**a**den
	aa/ah	[a:]	H**aa**r	B**ah**n
B, b	b	[b]	**B**us	**E**l**b**e
	–b	[p]	hal**b**	Her**b**st
C, c	c	[k]	**C**af*é*	**C**omics
		[ts]	**C**D	Mer**c**edes
		[tʃ]	**C**ello	
D, d	d	[d]	**D**r**a**ma	Lon**d**on
	–d	[t]	Lan**d**	Han**d**
E, e	e	[ɛ]	**E**ngland	G**e**ld
		[e:]	Br**e**men	Kor**e**a
		[e]	**E**l**e**fant	el**e**g**a**nt
	ee/eh	[e:]	T**ee**	g**eh**en
	–e	[ə]	Lott**e**	komm**e**n
F, f	f	[f]	**F**oto	Ho**f**
	ff	[f]	Ne**ff**e	tre**ff**en
G, g	g	[g]	**G**enf	Origin**a**l
		[ʒ]	**G**en**ie**	Or**a**nge
	–g	[k]	H**a**mburg	Ta**g**
	–ig	[ɪç]	H**o**nig	billig
H, h	h	[h]	Alko**h**ol	**H**alle
	(모음+) h	[(모음):]	K**uh**	S**oh**n
I, i	i	[ɪ]	**I**nnsbruck	Min**e**ral
		[i:]	K**i**no	Berl**i**n
	ih	[i:]	**ih**m	**ih**r

J, j	j	[j]	**J**a**pan**	**j**ung
		[ʒ]	**J**ourn**a**list	
		[dʒ]	**J**ob	**J**eans
K, k	k	[k]	**K**amera	G**o**tik
L, l	l	[l]	**L**ampe	Telef**o**n/T**e**lef**o**n
	ll	[l]	Ba**ll**	Ho**ll**and
M, m	m	[m]	**M**o**de**	Comp**u**ter
	mm	[m]	N**u**mmer	Kilogr**a**mm
N, n	n	[n]	**N**a**me**	Garten
	nn	[n]	Ma**nn**	Pa**nn**e
O, o	o	[ɔ]	B**o**nn	**O**st
		[o:]	D**o**m	T**o**n
	oo/oh	[o:]	B**oo**t	K**oh**l
P, p	p	[p]	**P**ar**i**s	**O**per
	pp	[p]	M**a**ppe	P**u**ppe
Q, q	qu	[kv]	**Qu**elle	**Qu**ittung
R, r	r	[r]	**R**om	Ti**r**o**l**
	rr	[r]	Git**a**rre	He**rr**
	–er	[ɐ]	Br**u**der	M**u**tter
	–r	[ɐ]	**e**r	**U**hr
S, s	s	[s]	Gast	Gips
		[z]	**S**ohn	R**o**se
	ss	[s]	Professor	Fluss
	ß	[s]	Fu**ß**	S**o**ße
	sp–	[ʃp]	**Sp**ort	**Sp**a**nien**
	st–	[ʃt]	**St**udent	**St**raße
T, t	t	[t]	**T**ennis	Staat
	tt	[t]	Go**tt**	B**u**tter
	th	[t]	**Th**o**mas**	M**a**the
	–ti–	[tsi]	Informa**ti**on	Pa**ti**ent
U, u	u	[ʊ]	**u**nd	Fr**a**nkfurt
		[u:]	g**u**t	Bl**u**me
	uh	[u:]	R**uh**e	St**uh**l

V, v	v	[f]	V*a*ter	Hann*o*ver
		[v]	V*i*tam*i*n	No*v*ember
W, w	w	[v]	*W*olfgang	*V*olksw*ag*en
X, x	x	[ks]	T*ax*i	Te*xt*
Y, y	y	[ʏ]	Syst*e*m	Gymn*a*sium
		[y:]	Ph*y*siker	T*y*p
Z, z	z	[ts]	M*o*z*a*rt	*Z*ahn
	zz	[ts]	Pi*zz*a	Ski*zz*e

변모음(Umlaut)

Ä, ä	ä	[ɛ]	*Ä*rger	B*ä*cker
		[ɛ:]	D*ä*nemark	Universit*ä*t
	äh	[ɛ:]	erz*äh*len	w*äh*len
Ö, ö	ö	[œ]	K*ö*ln	L*ö*ffel
		[ø:]	K*ö*nig	*Ö*l
	öh	[ø:]	S*öh*ne	H*öh*le
Ü, ü	ü	[ʏ]	D*ü*sseldorf	d*ü*nn
		[y:]	T*ü*bingen	*Ü*bung
	üh	[y:]	B*üh*ne	k*üh*l

모음자 겹침(Vokalverbindungen)

ai	[aɪ]	M*ai*	K*ai*ro
ei		Arb*ei*t	Rh*ei*n
ay		H*ay*dn	B*ay*ern
ey		M*ey*er	Lorel*ey*
au	[aʊ]	*Au*to	H*au*s
äu	[ɔʏ]	L*öw*enbr*äu*	Tr*äu*mer*ei*

eu	[ɔʏ]	Eur*o*pa	Kr*eu*z
	[eːu]	Amad*eu*s	Mus*e*um
	[øː]	Fris*eu*r	Ingeni*eu*r
ie	[iː]	Batter*ie*	L*ie*be
	[iə]	It*a*lien	Fam*i*lie
oe	[øː]	G*oe*the	
ou	[aʊ]	C*ou*ch	
	[u]	T*ou*rist	

자음자 겹침(Konsonantenverbindungen)

ch	[ç]	Ch*i*na	M*ü*nchen
	[x]	B*a*ch	B*u*ch
	[ʃ]	Chef	Ch*a*nce
	[k]	Ch*a*os	Ch*a*rakter
chs	[ks]	S*a*chsen	sechs
ck	[k]	*E*cke	R*u*cksack
dt	[t]	H*u*mboldt	Stadt
ds	[t͜s]	*a*bends	Landsmann
ng	[ŋ]	*E*ngland	Z*ei*tung
pf	[pf]	*A*pfel	Kopf
ph	[f]	Alphab*e*t	Philosoph*ie*
sch	[ʃ]	Schweiz	Kore*a*nisch
ts	[t͜s]	R*ä*tsel	nichts
tz	[t͜s]	H*i*tze	Platz
tsch	[t͜ʃ]	tsch*ü*s	Deutsch

Lektion 1 Wer ist das?

Albert Einstein
Clara Schumann
Martin Luther
Johann Wolfgang von Goethe
Konrad Adenauer
Ludwig van Beethoven
Angela Merkel
Maria Theresia

Ich bin Gisela Neumann

□ Ich bin Gisela Neumann.
Ich bin Studentin.

○ Ich bin Peter Meier.
Ich bin Student.

● Ich bin Hans Völler.
Ich bin auch Student.

◇ Ich bin Martin Müller.
Ich bin Professor.

◆ Ich bin Sabine Weber.
Ich bin Professorin.

Gisela Neumann ist Studentin

Gisela

○ Wer ist das?

● Das ist Gisela.
Sie ist Studentin.
Sie ist fleißig.

Peter

□ Wer ist das?

● Das ist Peter.
Er ist Student.
Er ist groß.

Herr Müller

◆ Gisela, wer ist das?

□ Das ist Herr Müller.
Er ist Professor.
Er ist nett.

Frau Weber

◇ Herr Völler, wer ist das?

● Das ist Frau Weber.
Sie ist Professorin.
Sie ist freundlich.

Was ist das?

Das ist...

ein Kuli

ein Buch

eine Tasche

ein Bleistift

ein Heft

eine Brille

ein Radiergummi

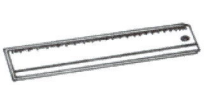
ein Lineal

eine Uhr

ein Rucksack

ein Etui

eine Tafel

ein Schreibtisch

ein Bild

eine Tür

Der Kuli ist lang

Was ist das?  Das ist *ein* Kuli.
Der Kuli ist lang.

Was ist das?  Das ist *ein* Bleistift.
Der Bleistift ist kurz.

Was ist das?  Das ist *ein* Buch.
Das Buch ist dick.

Was ist das?  Das ist *ein* Heft.
Das Heft ist dünn.

Was ist das?  Das ist *eine* Tafel.
Die Tafel ist groß.

Und das?  Das ist *eine* Uhr.
Die Uhr ist klein.

Grammatik

1 명사(Substantiv)의 성(Genus)과 관사(Artikel)

독일어의 명사는 단수일 때 **남성**, **중성** 또는 **여성**의 성을 지닌다. 명사의 성에 따라 그 앞에 오는 관사가 달라진다.

1.1 성(Genus)

관사 \ 성	남성 (maskulin = m.)	중성 (neutral = n.)	여성 (feminin = f.)
불특정관사(unbestimmter Artikel)	ein Tisch	ein Bild	eine Brille
특정관사(bestimmter Artikel)	der Tisch	das Bild	die Brille

※ 직업이나 신분을 나타내는 남성명사에 어미 *-in*을 붙여 여성명사로 바꿀 수 있다.

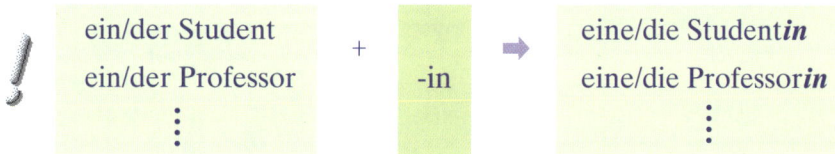

1.2 관사(Artikel)

1.2.1 불특정관사 ☞ L 3

불특정관사는 명사가 나타내는 대상이 불특정한 어떤 것일 때, 또는 특정한 것이기는 하나 듣는 사람은 그 구체적인 대상이 어떤 것인지 알 수 없을 때 사용한다. 그러나 명사가 복수형인 경우에는 불특정관사를 사용하지 않는다.

	단수(Singular = Sg.)			복수 (Plural = Pl.)
	남성	중성	여성	
1격(Nominativ = N.)	ein	ein	ein*e*	—
2격(Genitiv = G.)	eines	eines	einer	—
3격(Dativ = D.)	einem	einem	einer	—
4격(Akkusativ = A.)	einen	ein	eine	—

ein Mann   **ein** Kind   **eine** Frau   Studenten
ein Kuli   **ein** Buch   **eine** Tasche   Koreaner

1.2.2 특정관사 ☞ ⓛ 3

특정관사는 명사가 나타내는 대상이 어떤 것인지 듣는 사람이 알 수 있는 경우에 사용한다.

	단수(Sg.)			복수 (Pl.)
	남성	중성	여성	
1격(N.)	der	das	die	die
2격(G.)	des	des	der	der
3격(D.)	dem	dem	der	den
4격(A.)	den	das	die	die

der Mann   **das** Kind   **die** Frau   *die* Studenten
der Kuli   **das** Buch   **die** Tasche   *die* Koreaner

○ Was ist das?   • Das ist *ein* Kuli.   **Der** Kuli ist lang.
                 • Das ist *ein* Buch.   **Das** Buch ist dick.
                 • Das ist *eine* Tasche.   **Die** Tasche ist schön.

2 지시대명사 (Demonstrativpronomen) *das*; 의문대명사 (Interrogativpronomen) *wer*와 *was*

지시대명사 *das*는 명사를 사용하지 않고 어떤 대상(사람 또는 사물)을 가리켜 일컬을 때 사용한다. 따라서 명사의 성과 수에 관계없이 사용할 수 있다.

Gisela   Herr Müller   Schreibtisch   Brille   Bild

das

 *wer*는 사람을, *was*는 사물을 가리켜 물을 때 사용한다.

Wer ist *das*? → *Das* ist Peter.

Was ist *das*? → *Das* ist ein Rucksack.

3 인칭대명사 (Personalpronomen)와 동사 (Verb) sein ☞ L 2

- 독일어의 명사구는 콘텍스트에 따라 인칭대명사로 대체될 수 있다.
- 인칭대명사와 동사 sein은 인칭과 수에 따라 그 형태가 달라진다.

3 인칭				1 인칭	
Herr Müller	er	ist		ich	bin
der Tisch					
das Buch	es				
Gisela	sie				
die Tasche					

Gisela *ist* Studentin.   Sie *ist* fleißig.
Herr Müller *ist* Professor.   Er *ist* nett.
Das *ist* ein Kind.   Es *ist* klein.
Ich *bin* Hans Braun.

인칭대명사	er	es	sie
특정관사	d*er*	d*as*	d*ie*

❗ 다음과 같이 하지 않도록 주의한다.
Gisela ist *Student*. (×)   ➡ Gisela ist *Studentin*. (○)
Herr Müller ist *Professorin*. (×) ➡ Herr Müller ist *Professor*. (○)

Übungen

① 보기와 같이 소개하시오.

Hans Völler	➡	Das ist Hans Völler.
		Er ist Student.
		Er ist klein.
Studentin	Geschäftsmann	Professor	Professorin	Arzt
fleißig	groß	nett	freundlich	reich

    Gisela Neumann   Peter Schmidt   Martin Müller
        Sabine Weber   Alex Kunze

② 보기와 같이 묻고 답하시오.

| Konrad Adenauer | ➡ | ○ *Wer ist das?* |
| | | ● *Das ist Konrad Adenauer.* |

Clara Schumann   Maria Theresia   Albert Einstein
Angela Merkel   Martin Luther   Franz Kafka
Ludwig van Beethoven   Johann Wolfgang von Goethe

③ 보기와 같이 묻고 답하시오.

| eine Tasche | ➡ | ○ *Was ist das?*
● *Das ist eine Tasche.* |

Bleistift	Kuli	Radiergummi	Schreibtisch	Brille
Tür	Buch	Lampe	Tafel	Bild
Etui	Heft	Rucksack	Uhr	Lineal

④ 보기와 같이 고치시오.

| Das Bild ist schön. | ➡ | _Es_ ist schön. |

Die Tafel ist groß. _____ ist groß. Das Etui ist klein. _____ ist klein.
Die Tasche ist neu. _____ ist neu. Der Rucksack ist alt. _____ ist alt.
Das Buch ist dick. _____ ist dick. Das Heft ist dünn. _____ ist dünn.
Der Schreibtisch ist schwer. _____ ist schwer.
Das Lineal ist leicht. _____ ist leicht

⑤ 다음 낱말 앞에 알맞은 특정관사를 넣으시오.

_____ Mann   _____ Kind   _____ Brille
_____ Computer   _____ Heft   _____ Kamera
_____ Freund   _____ Frau   _____ Lampe
_____ Schule   _____ Freundin   _____ Professor
_____ Baby   _____ Name   _____ Professorin
_____ Schülerin   _____ Universität _____ Handy

⑥ ⑤의 낱말을 성이 같은 것끼리 연결해 보시오.

der Mann - der Computer -
die Brille -
das Kind -

⑦ 보기에서 알맞은 낱말을 골라 아래 문장을 완성하시오.

| lang | dick | klein | nett | groß |
| freundlich | fleißig | dünn | kurz | neu |

Gisela ist _____.   Herr Müller ist _____.
Frau Weber ist _____.   Peter ist _____.
Das Buch ist _____.   Das Heft ist _____.
Der Bleistift ist _____.   Der Kuli ist _____.
Das Kind ist _____.   Die Tasche ist _____.

⑧ 다음 낱말을 소리 내어 읽어 보시오.

1. lang   Rucksack   Bleistift   Brille
2. Peter   Tafel   Wolfgang   Professor
3. Bild   wer   Buch   was
4. dick   dünn   und   Bild
5. Bleistift   Einstein   Student   Studentin
6. Sabine   Brille   Gisela   Bild
7. Tür   Uhr
8. Professor   Professorin
9. Völler   Goethe

 **Aussprache**

모음 (Vokale)

[a]	Albert Rucksack das		[aː]	Tafel Lineal
[ɛ]	Heft Student nett		[eː]	Peter Weber Beethoven
[ə]	Brille Tasche Gisela			
[ɪ]	ich Bild		[iː]	Sabine Gisela;
[i]	Kuli			die sie
[ɔ]	Wolfgang Konrad			
[o]	Professor		[oː]	Professorin groß
[œ]	Völler		[øː]	Goethe schön
[ʊ]	und kurz		[uː]	Kuli
[ʏ]	dünn Günter Müller			
[u]	Student Studentin			
[aɪ̯]	klein fleißig Einstein			
[aʊ̯]	Braun Frau			
[ɔʏ̯]	Neumann freundlich			

모음 + r

[ɛr]	Herr		[eːɐ̯]	er der wer
[ɐ]	Luther Weber		[uːɐ̯]	Uhr
			[yːɐ̯]	Tür

- 일반적으로 독일어의 긴 모음을 발음할 때에는 짧은 모음을 발음할 때 보다 혀가 입천장에 더 가까이 놓이고 혀의 근육이 긴장한다. 단, [i], [e], [o], [u]는 [iː], [eː], [oː], [uː]와 같은 방법으로 발음하되 음량만 짧게 한다.
- 겹모음 [aɪ̯], [aʊ̯], [ɔʏ̯]는 두 개의 홑모음이 겹쳐 한 음절을 이루므로 홑모음 각각이 별도의 음절을 이루지 않도록 주의한다.
- [a], [i] 아래에 붙은 " ̯"([ɐ̯], [i̯])는 해당 발음이 독립 음절을 이루지 못하고 앞이나 뒷 모음에 붙어서 함께 한 음절을 이루는 것을 나타낸다.

자음 (Konsonanten)

j	[j]	J*o*hann				
v	[f]	V*ö*ller v*o*n	f	[f]	Fr*au* T*a*fel	
w	[v]	W*e*ber w*e*r w*a*s				
d	[d]	d*a*s d*i*ck Stud*e*nt	-d	[t]	*u*nd Bild K*o*nrad	
g	[g]	G*i*sela Rad*ie*rgummi				
ch	[x]	B*u*ch a*u*ch		[ç]	*i*ch l*ei*cht	
			-ig	[iç]	fl*ei*ßig	
s	[s]	d*a*s w*a*s *i*st		[z]	S*a*b*i*ne G*i*sela s*ie*	
ß	[s]	gr*o*ß fl*ei*ßig				
st	[ʃt]	St*u*dent Bl*ei*stift				
sch	[ʃ]	Schr*ei*btisch T*a*sche				
z	[ts]	k*u*rz				
l/ll	[l]	Lin*ea*l K*u*li intell*i*gent	자음 + l: Bl*ei*stift kl*ei*n fl*ei*ßig			
r	[r]	R*u*cksack Mar*i*a	자음 + r: Br*i*lle gr*o*ß Fr*au*			

강세 (Akzent)

첫 음절(erste Silbe): **Al**|bert **Mer**|kel **Schul**|mann **Gi**|sella
 Kon|rad **Wolf**|gang **Goe**|the **Völ**|ler
 Ku|li **Ruck**|sack **Mül**|ler **Gün**|ter
 Blei|stift **flei**|ßig **freund**|lich **Neu**|mann

둘째 음절(zweite Silbe): Pro|**fes**|sor Stu|**dent** Stu|**den**|tin
 The|**re**|sia Ma|**ri**|a Sa|**bi**|ne

세째 음절(dritte Silbe): Li|ne|**al** Pro|fes|**so**|rin

독일연방공화국 (Die Bundesrepublik Deutschland)

○ 수도: 베를린(Berlin)
○ 면적: 357,121km²
     (남한의 3.6배)
○ 인구: 약 81,000,000명
○ 종교: 신교
     로마가톨릭
     기타

독일국기(Bundesflagge)

현재 독일의 국기는 3가지 색으로 구성이 되어 있는데 맨위가 검정색, 가운데가 빨간색, 다음으로 노랑색이다. 독일어로는 "Schwarz-Rot-Gold"라고 부른다 (독일에서는 노란색을 "gelb"라고 하지만 국기에서는 노란색이 아닌 황금색이라고 한다).

독일 정부를 상징하는 독수리(Adler)가 들어 있는 경우에는 관공서용 국기이고, 독수리가 없는 것은 민간용 국기이다. 두 가지 모두 공식적인 국기이다. 독일 국기가 처음 만들어진 것에 대한 기원은 분명하지는 않은데, 일반적으로 프랑스의 나폴레옹이 신성로마제국을 침공하여 제국이 해체되었을 때 저항하던 민병대가 입었던 옷의 무늬라는 설이 가장 유력하다.

독일국가(Nationalhymne)

독일의 국가는 아우구스트 하인리히 호프만 폰 팔러스레벤(August Heinrich Hoffmann von Fallersleben, 1798-1874)이 1841년에 쓴 "독일인의 노래 das Lied der Deutschen" 세 번째 연(Strophe)을 사용한다. 멜로디는 요제프 하이든(Joseph Haydn, 1732-1809)이 작곡한 현악 4중주 곡(op. 76 Nr.3 C-Dur), 일명 황제 사중주(Kaiser-Quartett)의 2악장을 사용한다.

Lektion 2 Ich bin Koreaner

Ich *bin* Koreaner.
Ich heiß*e* Kim Minho.
Ich komm*e* aus Busan.
Ich wohn*e* jetzt in Seoul.
Ich studier*e* Germanistik.
Ich lern*e* Deutsch.

Das *ist* Gisela.
Sie *ist* Student*in*.
Sie komm*t* aus Deutschland, aus Hamburg.
Sie studier*t* Koreanistik.
Jetzt wohn*t* sie in Seoul.

Das *sind* Peter und Hans.
Sie *sind* Student*en*.
Sie komm*en* auch aus Deutschland.
Sie wohn*en* in Seoul und lern*en* Koreanisch.

Hier ist ein Mann.

- Wie heiß*t* der Mann? • Er heiß*t* Kim Minho.
- Woher komm*t* er? • Er komm*t* aus Busan.
- Was mach*t* er? • Er studier*t* Germanistik.
- Wo wohn*t* er? • Er wohn*t* in Seoul.

Hier ist eine Frau.

- Wie heiß*t* die Frau? • Sie heiß*t* Gisela Neumann.
- Woher komm*t* sie? • Sie komm*t* aus Hamburg.
- Was mach*t* sie? • Sie studier*t* Koreanistik und lern*t* Koreanisch.
- Wo wohn*t* sie? • Sie wohn*t* in Seoul.

Woher kommen Sie?

Minho:	Entschuldig*en* Sie! Komm*en* Sie aus Deutschland?
Gisela:	Ja, ich *bin* aus Deutschland.
Minho:	Guten Tag! Ich heiß*e* Kim Minho.
Gisela:	Tag! Ich heiß*e* Gisela Neumann.
Minho:	Woher komm*en* Sie?
Gisela:	Ich komm*e* aus Hamburg. Woher komm*en* Sie, Herr Kim?
Minho:	Ich komm*e* aus Busan. Ich studier*e* Germanistik. Was studier*en* Sie, Frau ...?
Gisela:	Neumann.
Minho:	Was studier*en* Sie, Frau Neumann?
Gisela:	Ich studier*e* Koreanistik und lern*e* hier Koreanisch. Sie *sind* Student. Ich *bin* Student*in*. Wir sag*en* doch „du", ja?
Minho:	Ja, klar.

Spielt ihr heute Tennis?

Minho: Guten Tag, Gisela!
Gisela: Hallo, Minho!
Minho: Gisela, das *ist* Han-gi. Park Han-gi.
　　　　Han-gi, das *ist* Gisela.
Han-gi: Guten Tag, Gisela!
Gisela: Tag, Han-gi!
　　　　Studier*st* du auch Germanistik?
Han-gi: Nein, ich studier*e* Jura.
　　　　Was studier*st* du, Gisela?
Gisela: Ich studier*e* Koreanistik.
　　　　Spiel*t* ihr heute Tennis?
Han-gi: Ja. Wir spiel*en* heute Tennis.
　　　　Und du? Was mach*st* du heute?
Gisela: Ich hab*e* noch Unterricht.
　　　　Entschuldigung! Der Unterricht beginn*t* gleich.
　　　　Tschüs!
Minho / Han-gi: Auf Wiedersehen, Gisela!

Ich bin Koreaner 39

Grammatik

1 인칭대명사(Personalpronomen) 1격과 동사 *sein* 의 현재 인칭변화

	단수						복수			
	1인칭	2인칭*		3인칭			1인칭	2인칭*		3인칭
		친칭	존칭					친칭	존칭	
1격	ich	du	Sie	er	es	sie	wir	ihr	Sie	sie**
2격	meiner	deiner	Ihrer	seiner	seiner	ihrer	unser	euer	Ihrer	ihrer
3격	mir	dir	Ihnen	ihm	ihm	ihr	uns	euch	Ihnen	ihnen
4격	mich	dich	Sie	ihn	es	sie	uns	euch	Sie	sie

* 2인칭 인칭대명사는 친칭(*du, ihr*)과 존칭(*Sie*)의 구분이 있다.
** 복수 3인칭 sie는 성을 구분하지 않는다.

du, ihr (Duzen)	*Sie* (Siezen)
· 아이들, 청소년들, 대학생들, 가족, 친구, 친척끼리 · 흔히 직장 동료(특히 블루컬러)끼리 · 어른이 아이(16-18세 미만)에게	· 서로 모르는 어른들 사이에서 · 서로 아는 어른들끼리 격식을 갖출 때 ※ 서로 친해지면 연장자의 제의로 친칭쓰기 　(Duzen)를 할 수 있다. ※ 항상 대문자로 시작한다. ※ 존칭 Sie는 단수와 복수의 형태가 같다.

단수	복수
Ich *bin* Student/Studentin.	**Wir** *sind* Studenten.*
Du *bist* Student/Studentin. (친한사이) **Sie** *sind* Student/Studentin. (모르는 사이)	**Ihr** *seid* Studenten/Studentinnen. **Sie** *sind* Studenten/Studentinnen.
Er *ist* Student. **Sie** *ist* Studentin.	**Sie** *sind* Studenten. **Sie** *sind* Studentinnen.

* 남학생과 여학생이 함께 있는 경우에도 *Studenten*이라고 할 수 있다.

- Wer *sind Sie*? • *Ich bin* Gisela Neumann. *Ich bin* Studentin.
　　　　　　　　　Ich bin fleißig.
- Wer *bist du*? • *Ich bin* Kim Minho. *Ich bin* Student. *Ich bin* groß.
- Wer *ist* das? • Das *ist* Hans Braun. *Er ist* Student. *Er ist* klein.
- Wer *ist* das? • Das *ist* Gisela Neumann. *Sie ist* Studentin. *Sie ist* schön.
- Was *ist* das? • Das *ist* ein Buch. *Es ist* klein und dick.

Das *sind* Minho und Han-gi. Sie sagen: „*Wir sind* Koreaner."
Minho und Han-gi *sind* Freund*e*. Gisela fragt: „*Seid ihr* Studenten?"
Minho und Han-gi *sind* Koreaner. *Sie sind* Student*en*. *Sie sind* nett.

2　동사의 현재 인칭변화 Ⅰ

studieren

Ich	studier**e**	Germanistik.	Wir	studier**en**	Germanistik.
Du	studier**st**	Koreanistik.	Ihr	studier**t**	Koreanistik.
Sie	studier**en**	Chemie.	Sie	studier**en**	Physik.
Er/Sie	studier**t**	Anglistik.	Sie	studier**en**	Sinologie.

arbeiten

Ich	arbeit**e**	in Seoul.	Wir	arbeit**en**	in Hannover.
Du	arbeit**est**	in Hamburg.	Ihr	arbeit**et**	in Leipzig.
Sie	arbeit**en**	in Frankfurt.	Sie	arbeit**en**	in Jena.
Er	arbeit**et**	in Berlin.	Sie	arbeit**en**	in München.
Sie	arbeit**et**	in Stuttgart.			

	어간+인칭어미	kommen	finden	heißen	tun[3]	handeln[3]
ich	-e	komme	finde	heiße	tue	handle[4]
du	-st	kommst	findest[1]	heißt[2]	tust	handelst
Sie	-en	kommen	finden	heißen	tun[3]	handeln[3]
er/es/sie	-t	kommt	findet[1]	heißt	tut	handelt
wir	-en	kommen	finden	heißen	tun[3]	handeln[3]
ihr	-t	kommt	findet[1]	heißt	tut	handelt
Sie	-en	kommen	finden	heißen	tun[3]	handeln[3]
sie	-en	kommen	finden	heißen	tun[3]	handeln[3]

1) 인칭어미 -st, -t 앞에 e를 첨가하는 경우:
   ① 어간이 d, t로 끝나는 동사: arbeiten, finden ...
   ② 어간이 r, l을 제외한 자음 + 콧소리 자음(m, n)으로 끝나는 동사:
      widmen, atmen, rechnen, zeichnen, trocknen, öffnen, regnen ...

2) 어간이 s, ss, ß, tz, z로 끝나는 동사(rasen, passen, heißen, putzen, tanzen ...)에서는 2인칭 단수(du) 현재 인칭어미 -st의 s를 탈락시킨다. 따라서 이 경우에는 2인칭 단수(du)와 3인칭 단수(er, sie, es)의 동사 변화 형태가 같게 된다.

3) 동사원형의 어미가 -n인 동사는 어간이 대개 el, er로 끝난다: äußern, bessern, dauern, donnern, erinnern, handeln, klingeln, wandern ...
   인칭어미 -en에서도 e가 탈락한다: wir äußern, sie/Sie äußern

4) 어간이 el로 끝나는 동사는 1인칭 단수(ich)에서 그 어간의 e를 생략할 수도 있다:
   ich angle, ich handle, ich lächle, ich tadle

3 명사의 수(Numerus) ☞ Ⓛ 3

- 직업이나 신분을 나타내는 남성 명사에 -in을 붙이면 여성 명사가 된다. 여성형 어미 -in이 붙은 명사의 복수형 어미는 -nen이다. (☞ Ⓛ 3)
- -er로 끝나는 남성 명사의 복수형은 대부분 단수형과 같다:
  (der) Koreaner - (die) Koreaner ; (der) Lehrer - (die) Lehrer

단수(남성)	복수	단수(여성)	복수
(der) Student	(die) Studenten	(die) Student*in*	(die) Studentin*nen*
(der) Koreaner	(die) Koreaner	(die) Koreaner*in*	(die) Koreanerin*nen*
(der) Lehrer	(die) Lehrer	(die) Lehrer*in*	(die) Lehrerin*nen*

4 W-물음문 (*w*-Fragesatz)

- ○ **Wer** *sind* Sie?
- ● Ich *bin* Gisela Neumann.
- ○ **Wer** *sind* Sie?
- ○ **Wie** *heißt* der Mann?
- ● Er *heißt* Kim Minho.
- ○ **Wie** *heißen* Sie?
- ○ **Woher** *kommt* ihr?
- ● Wir *kommen* aus Busan.
- ○ **Woher** *kommen* Sie?
- ○ **Was** *studiert* er?
- ● Er *studiert* Germanistik.
- ○ **Was** *studieren* Sie?
- ○ **Wo** *wohnt* er?
- ● Er *wohnt* in Seoul.
- ○ **Wo** *wohnen* Sie?

- ○ **Wie** *heißt* die Frau?
- ● Sie *heißt* Gisela Neumann.
- ○ **Wie** *heißt* du?
- ○ **Woher** *kommt* sie?
- ● Sie *kommt* aus Hamburg.
- ○ **Woher** *kommst* du?
- ○ **Was** *macht* sie?
- ● Sie *studiert* Koreanistik und *lernt* Koreanisch.
- ○ **Was** *machst* du?
- ○ **Wo** *wohnt* sie?
- ● Sie *wohnt* in Seoul.
- ○ **Wo** *wohnst* du?

5 예/아니오 – 물음문 (*ja/nein*-Fragesatz)

"예" 또는 "아니오"라는 대답을 요구하는 의문문에서는 주어가 동사 뒤에 온다.

- ○ *Kommst* du aus China?
- ● **Nein**, ich *komme* aus Korea.
- ○ *Sind* Sie aus Deutschland?
- ● **Ja**, ich *komme* aus Deutschland.
- ○ *Kommen* Sie aus Deutschland?
- ● **Ja**, ich *komme* aus Deutschland.
- ○ *Spielt* ihr heute wieder Tennis?
- ● **Ja**, wir *spielen* gern Tennis.
- ○ *Wohnt* er in Seoul?
- ● **Nein**, er *wohnt* in Incheon.

6 어순(Wortstellung) I : 동사의 위치

	I	II		
서술문 (Aussagesatz)	Ich	wohne		jetzt in Seoul.
	Du	studierst		Germanistik.
	Er	lernt		Deutsch.
	Frau Weber	ist		Professorin.
	Jetzt	wohnt	Gisela	in Seoul.*
w-물음문	Was	machen	Sie?	
	Woher	kommst	du?	
	Wo	wohnt	sie	jetzt?
ja/nein-물음문		Lernst	du	Deutsch?
		Kommen	Sie	aus Deutschland?

* 위치 I에는 일반적으로 주어가 오지만, 부사와 같은 주어 이외의 문장성분도 올 수 있다. 이런 경우에는 주어가 동사 뒤로 온다.

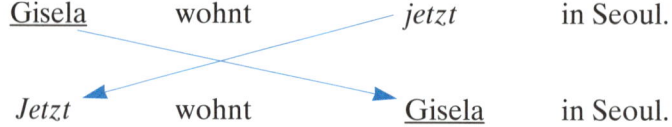

Gisela   wohnt   *jetzt*   in Seoul.

Jetzt   wohnt   Gisela   in Seoul.

Übungen

① 다음 동사들을 현재 인칭변화 시키시오.

	studieren	finden	liegen	sagen	hören	gehen
ich						
du						
Sie						
er/es/sie						
wir						
ihr						
Sie						
sie						

② 다음 (   ) 속의 동사를 현재 인칭변화 시키시오.

1. Ich _____ (lernen) Deutsch.
2. Er _____ (leben) in Deutschland.
3. _____ (wohnen) du in Seoul?
4. Korea _____ (liegen) in Asien.
5. _____ (studieren) du Germanistik?
6. Was _____ (machen) Herr Hinck?
7. _____ (kommen) Sie aus Deutschland?
8. _____ (sein) ihr aus Paris?

   - Ja, wir _____ (sein) aus Paris.

9. _____ (lernen) sie schnell?

   - Nein, sie _____ (lernen) langsam.

10. Thomas _____ (arbeiten) viel. _____ (arbeiten) ihr auch viel?

3 다음에 알맞은 인칭대명사를 넣으시오.

1. Herr Meier ist Professor. Wo arbeitet _____?
2. Frau Meier ist Lehrerin. Was lehrt _____?
3. Peter und Hans sind Studenten. Was studieren _____?
4. Thomas fragt Peter und Hans: „Seid _____ fleißig?
   Lernt _____ viel?"
5. Herr und Frau Meier sagen: „_____ kommen aus Deutschland."
6. „Herr Meier, kommen _____ aus Deutschland?"
7. Peter und Hans sind Freunde.
   Peter fragt Hans: „Was machst _____, Hans?"

4 다음 밑줄친 부분에 인칭대명사를 넣으시오.

1. Herr und Frau Kim sind Koreaner. _____ kommen aus Seoul.
2. Ich heiße Gisela Neuman. Wie heißt _____?
3. Gisela fragt Minho und Han-gi: „Was macht _____ hier?"
4. Robert! Studierst _____ Germanistik?
5. _____ lerne hier Deutsch. Lernen _____ auch Deutsch?
6. Herr Hermann arbeitet in Hamburg. Wo wohnt _____?
7. Peter und Hans kommen aus Deutschland.
   _____ studieren jetzt in Korea.

5 다음 물음에 답하시오.

1. Wie heißt du? – Ich heiße _____.
2. Was studierst du? – Ich studiere _____.
3. Wo wohnst du? – Ich wohne _____.
4. Woher kommst du? – Ich komme _____.
5. Wer ist das? – Das ist _____.

6 밑줄친 부분에 들어갈 알맞은 의문사를 쓰시오.

1. _____ heißt der Mann? – Er heißt Thomas Hinck.
2. _____ machen Sie? – Ich bin Student.
3. _____ wohnt Peter? – Er wohnt in Berlin.
4. _____ macht Gisela? – Sie studiert Koreanistik.
5. _____ kommt ihr? – Wir kommen aus Korea.

7 다음 물음에 답하시오.

1. Lernt ihr Englisch? Ja, _____.
   Nein, _____.

2. Kommen Sie aus China? Ja, _____.
   Nein, _____.

3. Studieren Sie hier Jura? Ja, _____.
   Nein, _____.

4. Wohnen Sie in Seoul?   Ja, _____.

   Nein, _____.

⑧ 다음을 독일어로 옮기시오.

1. 어느 나라에서 오셨습니까?
2. 성함이 어떻게 되십니까?
3. 어디에 사십니까?
4. 저는 홍길동이라고 합니다.
5. 나는 한국 사람이고 독문학을 공부하고 있습니다.
6. 나는 대학생입니다.
7. 독일에서 오셨습니까?
8. 나는 독일어를 배웁니다.
9. 너희들은 친절하구나.
10. 너희들 오늘 테니스 칠 거니?

Aussprache

모음

[a]	*a*rbeiten H*a*mburg	[a:] T*ag* kl*a*r j*a*
[ɪ]	b*i*n Korean*i*stik German*i*stik	[i:] Ch*i*na Berl*i*n Par*is* w*ie* S*ie* h*ier*
[ɛ]	H*e*rr T*e*nnis l*e*rnen	[e:] g*eh*e l*e*ben Kor*e*a
[ɔ]	k*o*mmen	[o:] w*oh*nen Hann*o*ver
[ʊ]	*U*nterricht *u*nd H*a*mburg	[u:] d*u* g*u*ten
[Y]	M*ü*nchen tsch*ü*ss	[y:] tsch*ü*s
[aɪ]	h*ei*ßen fl*ei*ßig n*ei*n	
[ɔY]	N*eu*mann D*eu*tsch h*eu*te	
[aʊ]	*au*s *au*ch Fr*au*	

자음

j	[j]	j*a* j*e*tzt J*u*ra			
v	[f]	Hann*o*ver			
w	[v]	w*o* w*a*s w*i*r			
ß	[s]	h*ei*ße			
s	[s]	*au*s d*a*s *i*ns	[z]	S*ie* s*a*gen W*ie*der*se*hen
sp-	[ʃp]	sp*ie*len			
st-	[ʃt]	stud*ie*ren St*u*dent			
-st	[st]	*i*st b*i*st stud*ie*rst			
sch	[ʃ]	Kor*ea*nisch Entsch*u*ldigung			
ch	[x]	au*ch* do*ch* ma*ch*t	[ç]	i*ch* ni*ch*t M*ü*n*ch*en
d	[d]	d*u* stud*ie*ren	[t]	sin*d* un*d* D*eu*tschlan*d*
g	[g]	g*e*rn beg*i*nnt	[k]	H*a*mburg T*ag*
tz	[ts]	je*tz*t			
tsch	[tʃ]	Deu*tsch* tsch*ü*s			

강세

첫 음절: g*u*|ten   h*a*|llo   J*u*|ra   K*i*|no   k*o*m|men
          *a*r|bei|ten   h*ei*|ßen   h*eu*|te   D*eu*tsch|land
          *U*n|ter|richt   W*ie*|der|seh|en   w*oh*|nen

둘째 음절: Ent|sch*u*l|di|gung   Che|m*ie*   Phy|s*i*k

세째 음절: Ger|ma|n*i*s|tik

네째 음절: Ko|re|a|n*i*s|tik

인사말(Grußformeln)

	만났을 때	헤어질 때
아침인사	Guten Morgen!	Auf Wiedersehen!
낮인사	Guten Tag!	(Wiedersehen!)
저녁인사	Guten Abend![1]	
밤인사		Gute Nacht!

(친한 사이)

하루 종일	Hallo!	Tschüs(s)!
		Ciao!

(남부 독일)

하루 종일	Grüß Gott![2] Grüß dich!
	Servus![2]
	Grüezi![2]

1) Guten Abend!는 저녁부터 잠자리에 들기 전까지 사용한다.
    (잠자리에 들 때 하는 인사말은 Gute Nacht!)
2) 남부독일 바이에른(Bayern)이나 오스트리아(Österreich)에서는 하루종일 인사말로 Grüß Gott! 또는 Servus!를, 스위스(die Schweiz)에서는 Grüezi!를 사용한다.

Gut zu wissen

Wir	**spielen**	**Tennis**.	Ich **habe** noch	**Unterricht**.	
		Fußball.		Vorlesung.	
		Klavier.			

Wie	heißen	Sie?	Ich heiße	**Kim Minho**.
Wo	wohnen	Sie?	Ich wohne	**in Seoul**.
Was	studieren	Sie?	Ich studiere	**Germanistik** und lerne **Deutsch**.
Woher	kommen	Sie?	Ich komme	**aus Busan**.

Was machst du heute?   *Entschuldigen Sie!*
Das ist Gisela.   *Entschuldigung!*
Kommen/Sind *Sie aus Deutschland?*   *Auf Wiedersehen!*

Länder und Sprachen

Länder	Einwohner	Sprachen	Studiengänge
Kor*e*a	(der) Kor*e*aner	Kor*e*anisch[4]	Kor*e*anistik
	(die) Kor*e*anerin[1]		
Am*e*rika	(der) Amerik*a*ner	Englisch	Angl*i*stik
	(die) Amerik*a*nerin		(Amerikan*i*stik)
(*E*ngland)	(der) *E*ngländer	Englisch	Angl*i*stik
	(die) *E*ngländerin		
It*a*lien	(der) Itali*e*ner	Itali*e*nisch	Roman*i*stik
	(die) Itali*e*nerin		
J*a*pan	(der) Jap*a*ner	Jap*a*nisch	Japanolog*ie*
	(die) Jap*a*nerin		

Sp*a*nien	(der) Sp*a*nier	Sp*a*nisch	Roman*i*stik
	(die) Sp*a*nierin		
Fr*a*nkreich	(der) Franz*o*se[3]	Franz*ö*sisch	Roman*i*stik
	(die) Franz*ö*sin		
Großbrit*a*nnien	(der) Br*i*te[3]	*E*nglisch	Angl*i*stik
	(die) Br*i*tin		
R*u*ssland	(der) R*u*sse[3]	R*u*ssisch	Russ*i*stik/Slaw*i*stik
	(die) R*u*ssin		
Ch*i*na	(der) Chin*e*se[3]	Chin*e*sisch	Sinolog*ie*
	(die) Chin*e*sin		
D*eu*tschland	(der) D*eu*tsche[2]/		
	(ein) D*eu*tscher	Deutsch	German*i*stik
	(die) D*eu*tsche/		
	(eine) D*eu*tsche		

1) 이 부류의 여성 명사는 남성 명사에 -in을 붙여 만든다.
2) 각 나라 사람 가운데 독일 사람을 나타내는 말(남자: *der Deutsche / ein Deutscher*, 여자: *die Deutsche / eine Deutsche*)은 형용사를 명사처럼 사용하는 경우에 속한다. 그래서 형용사 변화를 한다. ☞ ⓛ 11
3) 이 부류에 속하는 명사들은 약변화 명사(☞ ⓛ 7)에 속한다. 그 여성형은 남성형에 -in을 붙여 만든다.
4) 언어를 가리키는 명사는 형용사를 명사화시켜 만들거나 형용사를 명사처럼 사용한다: 형용사 *koreanisch* (예: *die koreanische Literatur* '한국문학') → *Koreanisch / das Koreanische* '한국어'

Ich komme aus Korea.   Ich bin Koreaner/Koreanerin.
Du kommst aus Deutschland.   Du bist Deutscher/Deutsche.
François kommt aus Frankreich.   Er ist Franzose.
Veronica kommt aus Italien.   Sie ist Italienerin.
Wir kommen aus Korea.   Wir sind Koreaner/Koreanerinnen.
Ihr kommt aus Russland.   Ihr seid Russen.
Sie kommen aus Spanien.   Sie sind Spanier.
Mary kommt aus England.   Sie ist Engländerin.

독일어 (Die deutsche Sprache)

독일어 방언 지도

- 독일어는 현재 약 1억 3000만 명이 사용하며 세계 제6위의 언어이다.
- 독일어를 모국어로 삼는 인구는 약 9200만 명이다.
    - 국어: 독일, 오스트리아, 리히텐슈타인
    - 국가 공용어의 하나: 스위스, 룩셈부르크
    - 지방 공용어: 이탈리아 북부의 일부 티롤 지역, 벨기에의 동부

인도유럽 어족 (Indoeuropäisch) ...

게르만 어파 (Germanisch) ...

서부 게르만어 (Westgermanisch)
  독일어 (Deutsch)
  영어 (Englisch)
  네덜란드어 (Niederländisch)
  프리지아어 (Friesisch)

북부 게르만어 (Nordgermanisch)
  덴마크어 (Dänisch)
  스웨덴어 (Schwedisch)
  노르웨이어 (Norwegisch)
  아이슬란드어 (Isländisch)

Lektion 3 Gisela hat drei Geschwister

Herr Kunze ist Arzt.
Er ist 52 Jahre alt und verheiratet.
Seine Frau ist 49 Jahre alt und macht *den* Haushalt.
Sie haben zwei Kinder: *einen* Sohn und *eine* Tochter.
Ihr Sohn studiert *schon*.
Ihre Tochter macht bald *das* Abitur.

Gisela ist 22 Jahre alt.
Ihre Eltern wohnen in Hamburg.
Ihr Vater ist 51 Jahre alt. Er arbeitet als Elektrotechniker bei Siemens.
Ihre Mutter ist 49 Jahre alt und Lehrerin von Beruf.
Gisela hat drei Geschwister: zwei Brüder und *eine* Schwester.
Ihre Brüder sind 23 und 18, und *ihre* Schwester ist 27.
Gisela liebt *ihre* Familie sehr.

Minho ist 21 Jahre alt.
Seine Eltern leben in Busan.
Sein Vater ist Lehrer, und *seine* Mutter ist Hausfrau.
Minho hat *einen* Bruder, aber *keine* Schwester.
Sein Bruder ist 28 Jahre alt und arbeitet als Programmierer.

Wie alt sind Sie?

Minho lernt Deutsch. Der Professor fragt und Minho antwortet.

Professor: Ich bin 45 Jahre alt. Und wie alt sind Sie, Herr Kim?
Kim Minho: Ich bin 21 Jahre alt.
Professor: Ich bin verheiratet und habe zwei Kinder.
Und Sie? Sind Sie verheiratet?
Kim Minho: Nein, ich bin *noch* ledig.
Professor: Ich habe drei Geschwister. Haben Sie *auch* Geschwister?
Kim Minho: Ja, aber *nur einen* Bruder. Er ist 28 und *schon* verheiratet.
Professor: Hat *Ihr* Bruder Kinder?
Kim Minho: Nein, er hat *noch keine* Kinder.

Ist das deine Familie?

Minho: Ist das *deine* Familie?

Gisela: Ja. Das hier ist *mein* Vater.
Und das ist *meine* Mutter.

Minho: Und das? Sind das *deine* Brüder?

Gisela: Ja. Hier, das ist Manfred. Er studiert *schon*.
Das hier ist Daniel. Er geht *noch* zur Schule.

Minho: Hast du *keine* Schwester?

Gisela: Doch, ich habe *eine* Schwester. Sie arbeitet in München.
Und du? Wie viele Geschwister hast du *denn*?

Minho: Ich habe *nur einen* Bruder.

Wörter und Ausdrücke

수(Zahlen) : 0 – 200

0	null	10	zehn	20	**zwan**zig	30	drei**ßig**
1	eins	11	**elf**	21	**ein**undzwanzig	40	vierzig
2	zwei	12	**zwölf**	22	zweiundzwanzig	50	fünfzig
3	drei	13	drei**zehn**	23	dreiundzwanzig	60	**sech**zig
4	vier	14	vierzehn	24	vierundzwanzig	70	**sieb**zig
5	fünf	15	fünfzehn	25	fünfundzwanzig	80	achtzig
6	sechs	16	**sech**zehn	26	sechsundzwanzig	90	neunzig
7	sieben	17	**sieb**zehn	27	siebenundzwanzig	100	(ein)hundert
8	acht	18	achtzehn	28	achtundzwanzig	101	(ein)hundert**eins**
9	neun	19	neunzehn	29	neunundzwanzig	200	zweihundert

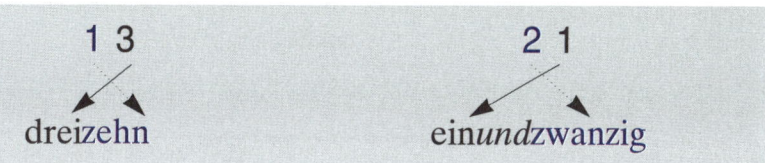

- 31~39, ... , 91~99도 21~29를 읽을 때와 같은 방식으로 읽으면 된다.
- 21~29, 31~39, ... , 91~99를 읽을 때는 *und*를 넣는다.
- 쓸 때는 모두 붙여쓰기 한다.

명사의 복수형 (Plural)

종류	형태	남성명사 단수	남성명사 복수	여성명사 단수	여성명사 복수	중성명사 단수	중성명사 복수
I	(¨)	der Lehrer der Wagen der Bruder	die Lehrer die Wagen die Brüder	die Mutter die Tochter	die Mütter die Töchter	das Zimmer das Fenster das Mädchen	die Zimmer die Fenster die Mädchen
II	(¨)e	der Freund der Tag der Sohn	die Freunde die Tage die Söhne	die Hand die Nacht	die Hände die Nächte	das Heft das Jahr	die Hefte die Jahre
III	(¨)er	der Mann der Wald	die Männer die Wälder			das Kind das Buch das Haus	die Kinder die Bücher die Häuser
IV	_(e)n	der Herr der Student	die Herren die Studenten	die Frau die Schwester die Schule	die Frauen die Schwestern die Schulen	das Auge	die Augen
V	_s	der Park der Kuli	die Parks die Kulis	die Oma die Party	die Omas die Partys	das Auto das Handy	die Autos die Handys

주로 단수형으로만 쓰이는 명사(물질명사 등): *das Obst, das Gemüse, die Milch, das Fleisch ...*

주로 복수형으로만 쓰이는 명사: *die Eltern, die Geschwister, die Leute, die Ferien, die Lebensmittel, die Möbel ...*

Grammatik

1 동사 *haben* 의 현재 인칭변화

Ich	hab**e**	Geschwister.	Wir	hab**en**	Geschwister.
Du	ha**st**	Geschwister.	Ihr	hab**t**	Geschwister.
Sie	hab**en**	Geschwister.	Sie	hab**en**	Geschwister.
Er/Sie	ha**t**	Geschwister.	Sie	hab**en**	Geschwister.

- Ralf, **hast** du Geschwister?
- Herr Kim, **haben** Sie Geschwister?
- **Hat** Herr Kunze Familie?

- Ja, *ich* **habe** zwei Brüder.
- Ja, *ich* **habe** drei Schwestern.
- Ja, *er* ist verheiratet und **hat** zwei Kinder.

- **Habt** ihr Kinder?
- **Haben** Sie Kinder?
- **Haben** Herr und Frau Kunze Kinder?

- Ja, *wir* **haben** zwei Töchter.
- Ja, *wir* **haben** drei Söhne.
- Ja, *sie* **haben** zwei Kinder.

Hast du Zeit?
Habt ihr heute Unterricht?

2 관사의 격변화 : 1격과 4격

2.1 주어, 목적어와 격(Kasus)

```
              동사
           (4격 지배)
          /          \
     주어(1격)      4격 목적어
```

Die Frau	liebt	den Mann.
Der Mann	liebt	die Frau.
Er	hat	ein Auto.
Peter	fragt	Maria.

- 주어는 항상 1격이고, 목적어의 격은 동사에 따라 정해진다.
- lieben, haben, fragen 등은 4격 목적어를 요구하는 동사들이다. (3격 목적어를 요구하는 동사 ☞ L 5).
- 주어, 목적어에 들어있는 관사는 격에 따라 형태 변화를 한다.

2.2 특정 관사

	단수			복수
	남성	중성	여성	
1격	*der* Mann	*das* Kind	*die* Frau	*die* Männer　Kinder　Frauen
2격	*des* Mannes	*des* Kindes	*der* Frau	*der* Männer　Kinder　Frauen
3격	*dem* Mann	*dem* Kind	*der* Frau	*den* Männer*n*　Kinder*n*　Frauen
4격	*den* Mann	*das* Kind	*die* Frau	*die* Männer　Kinder　Frauen

Der **Mann** liebt *die* **Frau** sehr.

Ich kenne *den* **Mann** gut.

Der **Professor** fragt *die* **Studenten**.

Frau Kunze macht *den* **Haushalt**.

Maria macht bald *das* **Abitur**.

2.3 불특정 관사

	단수			복수
	남성	중성	여성	
1격	*ein* Mann	*ein* Kind	*eine* Frau	- Männer　Kinder　Frauen
2격	*eines* Mannes	*eines* Kindes	*einer* Frau	- Männer　Kinder　Frauen
3격	*einem* Mann	*einem* Kind	*einer* Frau	- Männer*n*　Kinder*n*　Frauen
4격	*einen* Mann	*ein* Kind	*eine* Frau	- Männer　Kinder　Frauen

Da kommt *ein* **Mann**. Der Mann ist der Chef.

Wir machen heute *eine* **Party**.

Wir haben *ein* **Kind**. Haben Sie auch Kinder?

Frau Schmidt hat zwei **Söhne**. *Ein* **Sohn** ist Student, *ein* **Sohn** macht bald das Abitur.

Petra hat nur *einen* **Bruder**.

2.4 부정(Negation)의 불특정관사 *kein-*

	단수			복수
	남성	중성	여성	
1격	kein Mann	kein Kind	keine Frau	keine Männer Kinder Frauen
2격	keines Mannes	keines Kindes	keiner Frau	keiner Männer Kinder Frauen
3격	keinem Mann	keinem Kind	keiner Frau	keinen Männern Kindern Frauen
4격	keinen Mann	kein Kind	keine Frau	keine Männer Kinder Frauen

- ○ Hast du **einen** *Bruder?* ● Nein, ich habe **keinen** *Bruder.*
- ○ Hast du **eine** *Schwester?* ● Nein, ich habe **keine** *Schwester.*
- ○ Haben Sie **ein** *Auto?* ● Nein, ich habe **kein** *Auto.*
- ○ Haben Sie *Kinder?* ● Nein, wir haben **keine** *Kinder.*

ein ➡ *kein-*
Ø (복수) ➡ *keine*

2.5 소유관사(Possessivartikel)

소유관사는 소유/소속 관계를 나타내는 관사로서 명사의 성, 수, 격에 따라 형태 변화를 한다.

2.5.1 소유관사의 종류

	단수				복수		
1인칭	ich	➡	mein-	1인칭	wir	➡	unser-
2인칭	du	➡	dein-	2인칭	ihr	➡	euer-
	Sie	➡	Ihr-		Sie	➡	Ihr-
3인칭	er/der Mann	➡	sein-	3인칭	sie/die Leute	➡	ihr-
	es/das Kind	➡	sein-				
	sie/die Frau	➡	ihr-				

mein Name (내 이름) – dein Buch (네 책) – seine Tasche (그의 가방)
– unsere Freunde (우리 친구들)

2.5.2 소유관사의 격변화

	단수			복수
	남성	중성	여성	
1격	mein Mann	mein Kind	meine Frau	meine Leute
2격	meines Mannes	meines Kindes	meiner Frau	meiner Leute
3격	meinem Mann	meinem Kind	meiner Frau	meinen Leuten
4격	meinen Mann	mein Kind	meine Frau	meine Leute

	단수			복수
	남성	중성	여성	
1격	unser Sohn	unser Kind	unsere Tochter	unsere Eltern
2격	unseres Sohnes	unseres Kindes	unserer Tochter	unserer Eltern
3격	unserem Sohn	unserem Kind	unserer Tochter	unseren Eltern
4격	unseren Sohn	unser Kind	unsere Tochter	unsere Eltern

소유관사의 격변화 어미는 *kein–* 의 격변화 어미와 같다.
아래에서 *sein*은 앞에 나온 *er*를 받으며('그 사람의'), 바로 뒤에 있는 *Frau*의 성, 수, 격에 따른 어미변화를 하여 *seine*가 된다.

Er ist verheiratet. Seine Frau ist Lehrerin.   (그는 결혼을 했다. 그의 아내는 교사이다.)

○ Minho, ist das **deine** *Mutter*?   ● Ja, das ist **meine** *Mutter*.

○ Herr Schulz, ist das **Ihr** *Sohn*?   ● Ja, das ist **mein** *Sohn*.

○ Herr und Frau Schmidt, ist das **Ihr** *Kind*?   ● Ja, das ist **unser** *Kind*.

Minho hat einen Bruder. **Sein** *Bruder* ist schon verheiratet.

Das Kind weint. Wo sind denn **seine** *Eltern*?

Wir haben einen Sohn und eine Tochter. **Unsere**[1] *Tochter* studiert schon.

Ist das **euer** *Vater*? Wo ist denn **eure**[2] *Mutter*?

Mein *Mann* ist Techniker. Er liebt **seinen** *Beruf*.

Das Kind macht **seine** *Hausaufgaben*.

Monika liebt **ihren** *Beruf*, **ihr** *Tier* und **ihre** *Freunde*.

1) *unser*에 어미가 올 때는 입말에서 *unser*의 *e*가 종종 탈락한다:
   un*sere* Tochter → un*sre* Tochter
2) *euer*에 어미가 올 때는 *euer*의 *e*가 탈락한다:
   euer Bruder - *euren* Bruder, *eure* Schwester, *eure* Kinder, …

3 부정(Negation) : *nicht*와 *kein-*

- ○ Studieren Sie? ● Nein, ich studiere **nicht**.
- ○ Kommen Sie aus Japan? ● Nein, ich komme **nicht** aus Japan.
- ○ Sind Sie verheiratet? ● Nein, ich bin **nicht** verheiratet.

- ○ Ist das Honig? ● Nein, das ist **kein** Honig, das ist Marmelade.
- ○ Was ist sie von Beruf? ● Sie hat **keinen** Beruf.
- ○ Haben Sie eine Schwester? ● Nein, ich habe **keine** Schwester.

4 대답 : *ja, nein, doch*

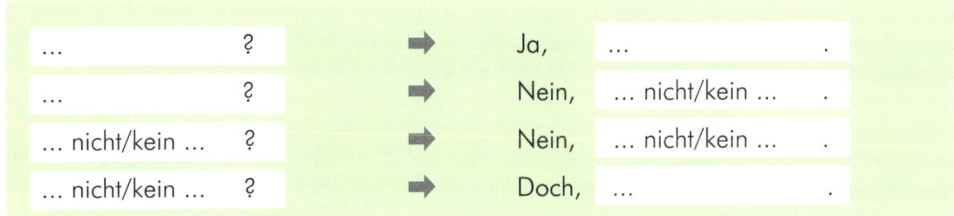

- ○ Sind Sie verheiratet? ● **Ja**, ich bin verheiratet.
  ● **Nein**, ich bin *nicht* verheiratet.
- ○ Haben Sie *keine* Kinder? ● **Nein**, ich habe *keine* Kinder.
  ● **Doch**, ich habe zwei Kinder.

5 첨사(Partikel)

> - 첨사는 어형 변화를 하지 않는 불변화사로서 전치사, 접속사, 부사를 제외한 품사이다.
> - *denn* 등처럼 화자의 태도를 나타내기도 하고, *nur* 등처럼 '정도'(Grad)를 규정하기도 한다.

nur		Gerd hat drei Brüder.	Gerda hat **nur** einen Bruder.
schon ↔ noch		Manfred studiert **schon**. Studiert er **schon**?	Daniel geht **noch** zur Schule. Nein, er studiert **noch nicht**.
schon ↔ erst		Birgit ist **schon** 21.	Laura ist **erst** 15.
denn		Was macht er **denn**?	Wie viele Geschwister hast du **denn**?

Übungen

① 동사 *haben*을 현재 인칭변화 시키시오.

1. Ich habe Geschwister. _____ Sie auch Geschwister?
2. _____ Herr und Frau Weber Kinder?
   - Ja, sie _____ drei Kinder.
3. _____ du ein Zimmer?
   - Ja, ich _____ ein Zimmer.
4. _____ Herr Fischer Arbeit?
   - Nein, er _____ keine Arbeit.
5. _____ ihr heute Unterricht?

② *ein-* 또는 *kein-*을 넣으시오(필요 없으면 비워 두시오).

1. Ich habe zwei Geschwister: _____ Bruder und _____ Schwester.
2. Ich habe drei Geschwister. Haben Sie auch _____ Geschwister?
3. Haben Sie Kinder? - Nein, wir haben _____ Kinder.
4. Hat Herr Kim ein Auto? - Ja, er hat _____ Auto.
5. Hat Minho zwei Brüder? - Nein, er hat nur _____ Bruder.
6. Was ist er von Beruf? - Er hat _____ Beruf.

③ *nicht* 또는 *kein-*을 넣으시오.

1. Luisa ist verheiratet. Aber ihre Schwester ist noch _____ verheiratet.
2. Hast du einen Wagen? - Nein, ich habe _____ Wagen.
3. Er hat drei Geschwister. Aber sie hat _____ Geschwister.
4. Kommen Sie aus Japan?
   - Nein, ich bin _____ aus Japan. Ich bin Koreaner.
5. Ist das Herr Kunze?
   - Nein, das ist _____ Herr Kunze, das ist Herr Schmidt.
6. Wohnen Sie hier in München?
   - Nein, ich wohne _____ hier, ich wohne in Salzburg.

④ 소유관사를 넣으시오.

1. Erika, wo ist denn _____ Handy? Ich finde es nicht.
2. Das Ehepaar Koch kommt aus Leipzig. Herr Koch ist Bäcker. _____ Frau ist Hausfrau.
3. Anna ist schon weg, aber _____ Tasche ist noch hier!
4. Gerd, ist das hier _____ Buch?
5. Ich habe einen Bruder und zwei Schwestern. _____ Schwestern sind 17 und 20.
6. Guten Abend, Herr Schulz, sind Sie allein? Ist _____ Frau nicht da?
7. Hans! Nora! Macht ihr denn nicht _____ Hausaufgaben?
8. Herr und Frau Lohmann haben zwei Kinder. Das ist _____ Sohn Michael.
9. Frau Lohmann liebt _____ Sohn sehr.
10. Wir lernen hier Deutsch. _____ Lehrerin ist Frau Schäfer.

5 *denn, erst, noch, nur, schon*을 넣으시오.

1. Wo wohnst du _____? - In Aachen.
2. Meine Tochter studiert _____.
   Aber mein Sohn geht _____ zur Schule.
3. Brigitte hat zwei Schwestern.
   Gisela hat aber _____ eine Schwester.
4. Manfred ist Student.
   Er ist _____ 23 Jahre alt. Aber Daniel ist _____ 18.
5. Sind Sie schon lange hier? - Nein, _____ zwei Tage.

6 의문사를 넣으시오.

1. _____ viele Geschwister hast du? - Drei.
2. _____ alt bist du denn? - Zwanzig.
3. _____ ist Ihr Name? - Alexander Weber.
4. _____ ist Ihr Vater von Beruf? - Er ist Bäcker.
5. _____ machst du heute? - Ich spiele Tennis.
6. _____ kommen Sie? - Aus Italien.
7. _____ wohnen Sie? - In Hamburg.
8. Gerd, _____ ist das hier denn? - Meine Kusine.

7 *Ja, nein, doch*로 대답하시오.

1. Hast du Geschwister? - _____, ich habe drei Geschwister.
2. Geht Manfred noch zur Schule? - _____, er studiert schon.
3. Ist Renate nicht hier? - _____, sie ist hier.
4. Hast du keine Schwester? - _____, ich habe drei Schwestern.
5. Haben Sie keinen Bruder? - _____, ich habe nur eine Schwester.
6. Hast du keine Freundin? - _____, ich habe keine Freundin.

⑧ 다음 수를 읽으시오.

11	12	16	17	21	38	55	67
75	83	92	99	101	123	166	241

⑨ 다음 명사의 성과 복수형을 말하고 유형별로 정리하시오.

die	Frau	*Frauen*		*der*	Mann	*Männer*
das	Kind	*Kinder*				

_____ Bruder _____   _____ Schwester _____
_____ Sohn _____   _____ Tochter _____
_____ Vater _____   _____ Mutter _____
_____ Oma _____   _____ Mädchen _____
_____ Herr _____   _____ Student _____
_____ Studentin _____   _____ Arzt _____
_____ Tag _____   _____ Nacht _____
_____ Jahr _____   _____ Haus _____
_____ Zimmer _____   _____ Fenster _____
_____ Wand _____   _____ Lampe _____
_____ Tisch _____   _____ Stuhl _____
_____ Bild _____   _____ Schule _____
_____ Buch _____   _____ Heft _____
_____ Hand _____   _____ Auge _____
_____ Park _____   _____ Wagen _____
_____ Auto _____   _____ Handy _____
_____ Kuli _____

¨(..)	¨(..)e	¨er	-(e)n	-s
		Männer	Frauen	
		Kinder		

68 Lektion 3

⑩ 다음을 독일어로 옮기시오.

1. 결혼하셨나요?
2. 나이가 어떻게 되십니까?
3. 자녀가 있습니까?
4. 형제자매는 몇이나 됩니까? – 저는 형제자매가 없어요.
5. 저는 남자형제 한 명과 여자형제 한 명이 있어요.
6. 우리 딸애는 벌써 대학생이에요.
7. 우리 아들은 이제 겨우 열일곱 살이에요.
8. 아버님은 뭐하시는 분입니까?

Zungenbrecher

Bäcker Braun backt braune Brezeln - braune Brezeln backt Bäcker Braun.
Fischers Fritz fischt frische Fische - frische Fische fischt Fischers Fritz.
Schneiders Schere schneidet scharf - scharf schneidet Schneiders Schere.
Zwischen zwei Zweigen zwitschern zwei Schwalben.

Aussprache

모음

[a]	*a*rbeiten	h*a*t	m*a*chen	[aː]	*a*ber	h*a*ben	J*a*hr
[ɛ]	H*e*rr	*E*ltern	Schw*e*ster	[eː]	d*e*n	l*e*dig	L*eh*rerin
[ɐ]	Kind*er*	Tocht*er*	Br*u*d*er*				
[ɪ]	*i*ch	Geschw*i*ster	v*ie*rz*eh*n	[iː]	G*i*sela	*ih*re	l*ie*ben
[iə]	Fam*i*l*ie*			[iːɐ]	*ih*r	h*ie*r	v*ie*r
[ɔ]	v*o*n	*a*ntworten	n*o*ch	[oː]	S*oh*n	sch*o*n	w*oh*nen
[œ]	zw*ö*lf	T*ö*chter		[øː]	S*öh*ne		
[ʊ]	*u*nd	M*u*tter	H*a*mburg	[uː]	Br*u*der	Sch*u*le	d*u*
[ʏ]	f*ü*nf	M*ü*tter	M*ü*nchen	[yː]	Br*ü*der	B*ü*cher	T*ü*r

자음

j	[j]	*j*a	*J*apan	*J*ahr	
v	[f]	*v*on	*v*iel	*V*ater	
w	[v]	*W*ald	*zw*ei	Geschw*i*ster	
s	[s]	H*aus*halt	al*s*	Profe*ss*or	[z] sein *S*ohn *s*ind
sch	[ʃ]	*sch*on	*Sch*ule		
z	[ts]	*z*ehn	Kun*z*e	Ar*z*t	
b	[b]	sie*b*en	ha*b*en	lie*b*en	[p] sie*b*zehn ha*b*t lie*b*t

강세

첫 음절:	V*a*ǀter	zw*a*nǀzig	l*e*ǀben	L*eh*ǀreǀrin
	s*ie*ǀben	v*ie*rǀz*eh*n	T*o*chǀter	S*öh*ǀne
	Sch*u*ǀle	M*u*tǀter	M*ü*nǀchen	
둘째 음절:	Beǀr*u*f	Faǀm*i*ǀlie	Geǀschw*i*sǀter	
	stuǀd*ie*ǀren	verǀh*ei*ǀraǀtet		
세째 음절:	Aǀbiǀt*u*r	Proǀgramǀm*ie*ǀrer		

Gut zu wissen

Was sind Sie *von Beruf*?	Ich bin	**Student**.
		Studentin.
		Lehrer.

Wie alt sind Sie?	Ich bin	**20 Jahre alt**.
		schon 30.
		erst 25.

Sind Sie *verheiratet*?	Nein,	ich bin **nicht verheiratet**.
		ledig.
	Ja,	ich bin verheiratet und habe zwei Kinder.

Haben Sie **Geschwister**?	Nein,	ich habe **keine Geschwister**.
	Ja,	ich habe einen Bruder und eine Schwester.
	Ja,	aber *nur* einen Bruder.

Wie viele Geschwister hast du?

Meine Mutter   **macht**   **den Haushalt**.
Meine Schwester macht   bald   das Abitur.

Mein Bruder   **arbeitet**   *als* Programmierer *bei* Samsung.

Ist   **das**   deine Familie?
Sind **das**   deine Brüder?

Das hier ist mein Vater.
             meine Mutter.

Meine Schwester studiert **schon**.
Mein Bruder geht **noch** zur Schule.

Und du? / Und Sie?

Familie / Verwandtschaft

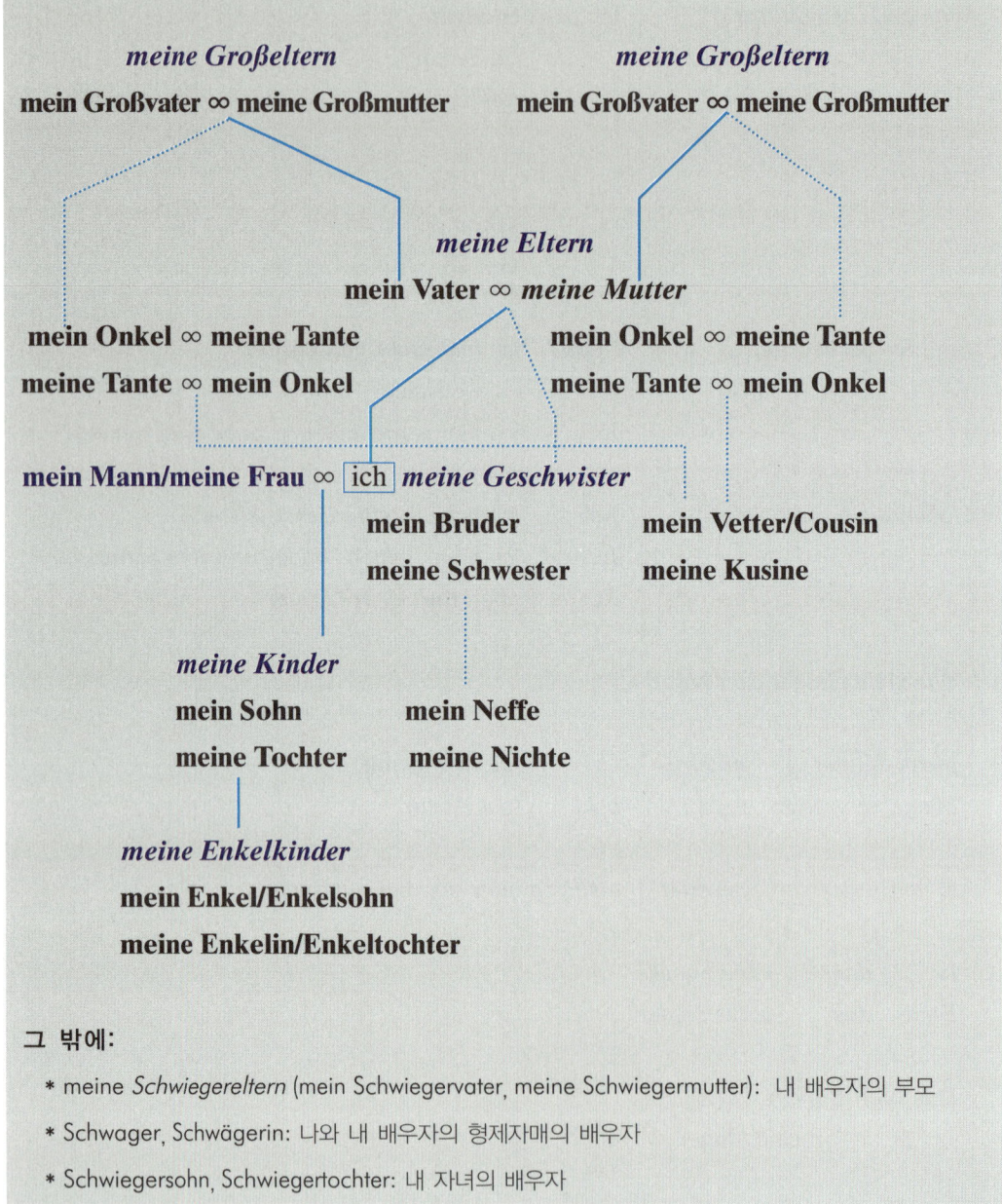

그 밖에:

* meine *Schwiegereltern* (mein Schwiegervater, meine Schwiegermutter): 내 배우자의 부모
* Schwager, Schwägerin: 나와 내 배우자의 형제자매의 배우자
* Schwiegersohn, Schwiegertochter: 내 자녀의 배우자

Berufe

Anwalt / Anwältin	변호사
Apotheker / Apothekerin	약사
Arbeiter / Arbeiterin	근로자
Architekt / Architektin	건축가
Arzt / Ärztin	의사
Arzthelferin	(의사보조) 간호사
Assistent / Assistentin	조교
Bäcker / Bäckerin	제빵사
Bauer / Bäuerin	농부
Briefträger / Briefträgerin	우편집배원
Buchhändler / Buchhändlerin	서적판매인
Designer / Designerin	디자이너
Dolmetscher / Dolmetscherin	통역사
Elektrontechniker / Elektrotechnikerin	전기기술자
Fahrer / Fahrerin	운전기사
Fleischer / Fleischerin (Metzger / Metzgerin)	정육업자
Friseur / Friseurin	이발사, 미용사
Geschäftsmann / Geschäftsfrau	사업가
Hausfrau / Hausmann	전업주부/ 남성 전업주부
Ingenieur / Ingenieurin	엔지니어
Journalist / Journalistin	기자
Kaufmann / Kauffrau	매매업자
Krankenpfleger	남자 간호사
Krankenschwester	간호사
Laborant / Laborantin	실험실연구원
Landwirt / Landwirtin	농부
Lehrer / Lehrerin	교사
Manager / Managerin	매니저
Mechaniker / Mechanikerin	기계공
Pfarrer / Pfarrerin	목사, 주임신부
Politiker / Politikerin	정치가
Professor / Professorin	교수
Regisseur / Regisseurin	감독, 연출가
Rentner / Rentnerin	연금생활자
Richter / Richterin	판사
Sänger / Sängerin	가수
Schauspieler / Schaupielerin	배우
Schneider / Schneiderin	재단사
Schriftsteller / Schriftstellerin	작가
Sekretär / Sekretärin	비서
Techniker / Technikerin	기술자
Tischler / Tischlerin	목수
Übersetzer / Übersetzerin	번역가
Unternehmer / Unternehmerin	기업가
Verkäufer / Verkäuferin	판매원
Wirt / Wirtin	음식점 주인

Gisela hat drei Geschwister

유럽연합(EU: Europäische Union)의 화폐 : 유로(Der Euro)

유로화는 2002년부터 국제간의 결제나 금융거래의 기본이 되는 기축통화로 사용되기 시작했다. 화폐 전면의 '창과 문'은 개방과 협력의 유럽 정신을 표방하며 후면의 '다리'는 유럽인들과 비 유럽인들 간의 교류를 상징한다.

지폐의 건축물들은 유럽의 다양한 건축사조에 따라 디자인 되었으며 실제로 존재하는 건축물이 아니다. 유로존 회원국 간 개별적으로 지폐의 도안을 결정할 수 없으나 동전 만큼은 독자적으로 결정할 수 있다.

2013년 5유로 지폐를 시작으로 2019년 100유로와 200유로까지 이른바 유로파시리즈(Europa-Serie)라고 불리는 신권을 단계적으로 발행하였다. 500유로는 2019년부터 발행을 중단하였지만 기존의 500유로는 여전히 통용되고 있다.

※ 1 유로는 100 센트(Cent)와 같고, 동전으로는 1, 2 유로와 1, 2, 5, 10, 20, 50 센트가 있다.

Lektion 4
Wann fährt der Zug nach Busan ab?

Han-gi, Minho und Nami machen eine Reise.
Gisela *reist* auch *mit*.
Sie fahren nach Busan.
Der Zug *fährt* um zehn Uhr von Seoul *ab*.

Es ist schon spät.
Gisela *trägt* ihren Rucksack und *nimmt* ein Taxi.
Ihre Freunde sind schon am Bahnhof.
Minho kauft Getränke.

Nami und ihre Freunde *steigen* in den Zug *ein*.
Sie suchen ihre Plätze.
Der Zug *fährt* langsam *los*.
Er *fährt* über Daejeon und Daegu.
Dort *hält* er jeweils zwei Minuten.

Gisela ist neugierig.
Sie *betrachtet* die Landschaft draußen.
Die Fahrt von Seoul bis Busan dauert etwa drei Stunden.
Um ein Uhr *kommt* der Zug in Busan *an*.
Die Leute *steigen aus* und *verlassen* den Bahnhof.

Ich finde das Bild schön

Gisela und Nami machen in Busan einen Stadtbummel. Sie gehen in einen Laden. Da gibt es[1] Puppen, Bilder und Ansichtskarten. Gisela bewundert die Sachen. Sie sehen ganz exotisch aus.

Nami: Hier sind Karten.
Wie findest du *die*?
Gisela: Oh, ich finde *sie* schön.
Die beiden hier sind toll. *Die* kaufe ich.
Nami: Brauchst du noch was[2]?
Gisela: Ich sehe gerade ein Bild da oben.
Das sieht wunderschön *aus*.
Was sagst du, Nami?
Nami: Ich finde *es* auch schön.
Gisela: Gut, *das* nehme ich.

1) Es gibt + 4격 ~이 있다, 존재하다 ☞ L 5
2) was = etwas (입말에서는 주로 was가 사용된다)

Manfred bestellt eine Fahrkarte

Manfred fährt morgen nach Frankfurt. Da findet jetzt die Frankfurter[1] Buchmesse statt. Er bestellt eine Fahrkarte am Bahnhof.

Manfred: Guten Tag. Wann *fährt* morgen Vormittag ein ICE[2] nach Frankfurt?
Angestellte: Einen Moment bitte, ich *sehe* mal *nach*.
Es *gibt* einen ICE um 10 Uhr.
Manfred: Wie viel kostet die Fahrkarte?
Angestellte: Einfach oder hin und zurück?
Manfred: Hin und zurück, bitte.
Angestellte: Sie kostet 244 Euro.
Manfred: In Ordnung.
Angestellte: Wann *fahren* Sie wieder *zurück*?
Manfred: Das *steht* noch nicht *fest*.
Angestellte: Die Rückfahrt ist also noch offen.

Manfred bezahlt mit Kreditkarte. Die Angestellte druckt die Fahrkarte aus.

Angestellte: Hier, bitte.
Manfred: Danke.

---

1) 독일어에서 특정 도시명칭에 어미 *-er*를 붙여 뒤에 오는 명사를 수식한다: Frankfurt*er* Buchmesse(프랑크푸르트 도서박람회), Berlin*er* Platz(베를린 광장), Brandenburg*er* Tor(브란덴부르크 문), Frankfurt*er* Allgemeine Zeitung(프랑크푸르트 알게마이네 차이퉁), Frankfurt*er* Flughafen(프랑크푸르트 공항), Wien*er* Schnitzel(비엔나 슈니첼 [송아지고기 커틀렛]).
2) ICE [i:tse:'e:] (← *I*nter*c*ity*e*xpresszug)

Wörter und Ausdrücke

합성명사(Kompositum)

명사를 토대어(Grundwort)로 하고 그 앞에 명사, 형용사, 부사, 전치사, 동사, 수사 등을 한정어(Bestimmungswort)로 붙여 만든 명사이다. 합성명사의 성, 수는 뒤에 오는 토대어가 결정하며 합성명사의 강세는 한정어에 있다.

der Tag			→	*das* Tag**e**buch
die Tasche	+	*das* Buch	→	*das* Tasche**n**buch
das Wort			→	*das* Wört**er**buch
lehren			→	*das* Lehrbuch

한정어	+	토대어	➡	합성어
die Bahn	+	*der* Hof	➡	*der* Bahnhof
das Buch	+	*der* Laden	➡	*der* Buchladen
das Buch	+	*die* Messe	➡	*die* Buchmesse
die Reise	+	*das* Büro	➡	*das* Reisebüro
die Stadt	+	*der* Bummel	➡	*der* Stadtbummel
das Telefon	+	*die* Nummer	➡	*die* Telefonnummer
fahren	+	*die* Karte	➡	*die* Fahrkarte
die Ansicht	+	*die* Karte	➡	*die* Ansichtskarte
die Geburt	+	*der* Tag	➡	*der* Geburtstag
der Tag	+	*die* Zeitung	➡	*die* Tag**es**zeitung
die Woche	+	*das* Ende	➡	*das* Woche**n**ende

Grammatik

1 동사의 현재 인칭변화 Ⅱ : 단수 2, 3 인칭에서 어간 모음이 바뀌는 동사 ☞ ⓛ 2

1.1 어간모음의 변모음 : a→ä[1]), au→äu, o→ö

	fahren	fangen	tragen	laden	halten	laufen	stoßen
ich	fahre	fange	trage	lade	halte	laufe	stoße
du	fährst	fängst	trägst	lädst	hältst	läufst	stößt
Sie	fahren	fangen	tragen	laden	halten	laufen	stoßen
er sie es	fährt	fängt	trägt	lädt	hält	läuft	stößt
wir	fahren	fangen	tragen	laden	halten	laufen	stoßen
ihr	fahrt	fangt	tragt	ladet	haltet	lauft	stoßt
Sie	fahren	fangen	tragen	laden	halten	laufen	stoßen
sie	fahren	fangen	tragen	laden	halten	laufen	stoßen

○ Wohin fährst du, Christina?   ● Ich fahre nach Bonn.
Laura trägt eine Brille.
Hält der Zug in Koblenz?
Manfred läuft schnell.
Das Kind schläft noch.

1) 이 부류에 속하는 동사로는 *fallen, lassen, raten, waschen* 등이 있다. 동사 *laden*은 2인칭 단수(*du*)와 3인칭 단수(*er, sie, es*)에서 인칭어미 앞에 **e**를 붙이지 않는다(*du lädst, er lädt*). *halten, raten*은 3인칭 단수에서 인칭어미 *-t*를 붙이지 않는다(*du hältst/rätst, er hält/rät*).

1.2 어간모음의 e → i 교체

① e → i[2)]

	helfen	sprechen	treffen	essen	geben	nehmen	treten
ich	helfe	spreche	treffe	esse	gebe	nehme	trete
du	hilfst	sprichst	triffst	isst	gibst	nimmst	trittst
Sie	helfen	sprechen	treffen	essen	geben	nehmen	treten
er sie es	hilft	spricht	trifft	isst	gibt	nimmt	tritt
wir	helfen	sprechen	treffen	essen	geben	nehmen	treten
ihr	helft	sprecht	trefft	esst	gebt	nehmt	tretet
Sie	helfen	sprechen	treffen	essen	geben	nehmen	treten
sie	helfen	sprechen	treffen	essen	geben	nehmen	treten

Olaf hilft seinem Vater.

Gisela spricht schon gut Koreanisch.

Isst du gern Fisch?

Nami gibt Gisela eine Karte.

Nimmst du auch ein Taxi?

---

2) 이 부류에 속하는 동사로는 *brechen, gelten, schelten, treffen, werfen* 등이 있다 (*gelten, schelten* 등은 어간이 -*t*로 끝나더라도 3인칭 단수에서 인칭어미 앞에 -*t*붙이지 않는다). 짧은 *e* 는 짧은 *i* 로 (*essen, helfen, sprechen, werden* 등), 긴 *e* 는 긴 *i* 로(*geben* 등) 바뀌는 게 원칙이나 긴 *e* 가 짧은 *i* 로 바뀌는 경우(*nehmen, treten* 등)도 있다.

② e → ie[3]

	lesen	sehen	empfehlen
ich	lese	sehe	empfehle
du	liest	siehst	empfiehlst
Sie	lesen	sehen	empfehlen
er sie es	liest	sieht	empfiehlt
wir	lesen	sehen	empfehlen
ihr	lest	seht	empfehlt
Sie	lesen	sehen	empfehlen
sie	lesen	sehen	empfehlen

○ Was liest du gern, Gisela?
● Ich lese gern Krimis.

Gisela sieht ein Bild da oben.

3) 동사어간의 긴 **e**가 **ie**로 바뀌는 것이다. 이 부류에 속하는 동사로는 *geschehen*, *stehlen* 등이 있다.

2 분리동사(trennbare Verben)와 비분리동사(untrennbare Verben) ☞ Ⓛ 9

2.1 분리동사

- 분리동사는 토대동사(Stammverb)에 아래와 같은 분리접두어와 결합된 동사로서 토대동사와 다른 새로운 의미로 사용된다:

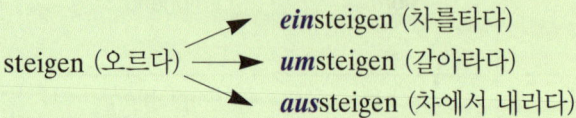

- 분리접두어는 기본동사에서 분리되어 문장 맨 뒤에 놓인다:

- 분리동사는 분리접두어에 강세가 있다.

ab- an- auf- aus- ein- mit- nach- vor- zurück- ...

Die Leute *steigen* **aus**.
Nami und ihre Freunde *steigen* in den Zug **ein**.
Reist Gisela auch **mit**?
Wann *fährt* der Zug von Hamburg **ab**?

2.2 비분리동사

- 비분리동사는 토대동사(Stammverb)에 아래와 같은 비분리접두어와 결합된 동사로서 토대동사와 다른 새로운 의미로 사용된다.
- 비분리접두어는 토대동사와 분리되지 않는다.
- 비분리접두어에는 강세가 없다.

| be- | er- | ge- | emp- | ent- | miss- | ver- | zer- |

Manfred **bes**tellt eine Fahrkarte.
Die Leute **ver**lassen den Bahnhof.
Bald **er**reichen wir Busan.

3 인칭대명사 (Personalpronomen) 4격 ☞ L 2

○ Wie findest du *die Karte*? ● Oh, ich finde **sie** schön.

Gisela sieht *ein Bild*. Sie findet **es** schön.
Frau Fischer sucht *ihren Rucksack*, aber sie findet **ihn** nicht.

4 지시대명사 (Demonstrativpronomen) ☞ L 1

지시대명사는 눈앞에 보이는 사람, 사물 등을 가리키거나 대화 또는 텍스트에서 앞서 언급한 사람, 사물, 사실 등을 곧바로 지시할 때 사용한다. 인칭대명사보다는 지시적인 기능이 강하다.

	단수			복수
	남성	중성	여성	
1격	der	das	die	die
2격	dessen	dessen	deren	deren, derer
3격	dem	dem	der	denen
4격	den	das	die	die

○ Kennst du *den Mann* dort? ● Nein, **den** kenne ich nicht.
Hier sind *Karten*. Wie findest du **die**?
Ich sehe gerade *ein Bild*. **Das** ist wunderschön.

5 전치사 (Präpositionen) Ⅰ : 장소, 방향 ☞ Ⓛ5, Ⓛ6, Ⓛ7, Ⓛ8

in	nach	von	über	bis
⦿	→→→→●⋯→	●– – –→	– – –→	– – –→●

Der ICE fährt *von* Hamburg ab.

Er fährt *von* Hamburg *über* Frankfurt *nach* München.

Manfred fährt *bis* Frankfurt.

Er steigt *in* Frankfurt aus.

Übungen

① ( ) 안의 동사를 현재 인칭변화 시키시오.

1. Manfred _____ (essen) gern Fisch. Was _____ (essen) ihr gern?
2. Wohin _____ (fahren) du, Manfred? Ich _____ (fahren) nach Frankfurt.
3. Minho und Han-gi _____ (haben) heute keine Zeit. Nami, _____ (haben) du auch keine Zeit?
4. Wie lange _____ (halten) der IC (*I*nter*c*ityzug) in Frankfurt?
5. Wir _____ (laufen) langsam, aber Daniel _____ (laufen) schnell.
6. Herr Meier, was _____ (lesen) Sie gern?
7. Frau Weber _____ (lesen) eine Zeitung.
8. Gisela _____ (nehmen) ein Taxi.
9. Das Baby _____ (schlafen) schon.
10. Katrin _____ (sprechen) Deutsch. _____ (sprechen) du auch Deutsch?
11. Der Student _____ (treffen) heute seine Freundin.
12. Wer _____ (sein) Sie? - Ich _____ (sein) Peter Neumann.

② ( ) 안의 동사를 현재 인칭변화 시키시오.

1. Wann _____ (abfahren) der Zug _____?

2. Wann _____ (anfangen) der Unterricht _____?
3. Wo _____ (aussteigen) Manfred _____?
4. Wann _____ (zurückkommen) du _____?
5. Jochen _____ (ankommen) um zwei Uhr in Würzburg _____.
6. Meine Mutter _____ (bekommen) einen Anruf.
7. Gisela _____ (verlassen) den Bahnhof.
8. Manfred _____ (bestellen) eine CD.
9. _____ (mitkommen) ihr auch _____?
10. _____ (mitnehmen) du eine Kamera _____?
11. Peter _____ (einladen) seine Freunde _____.

③ 보기에서 알맞은 접두어를 골라 넣으시오.

| ab-   an-   aus-   ein-   los- |

1. Der Zug fährt von Seoul _____.
2. Gisela und Nami steigen in den Zug _____.
3. Der Zug fährt langsam _____.
4. Der Zug kommt in Busan _____.
5. Gisela und Nami steigen in Busan _____.

④ 장소 또는 방향을 나타내는 알맞은 전치사를 넣으시오.

1. Der Zug fährt nur _____ Köln. (– – –→●)
2. Wann kommt der Zug _____ München hier an? (●– – –→)
3. Wie viel kostet eine Fahrkarte _____ Mainz? (→→→●⋯→)
4. Manfred steigt _____ Frankfurt aus und der ICE fährt weiter _____ Hannover _____ Berlin. (●) (→→→) (→→→●⋯→)
5. Wir steigen _____ Koblenz um. (●)

86 Lektion 4

5 알맞은 인칭대명사를 넣으시오.

1. Gisela sucht ihren USB-Stick, aber sie findet _____ nicht.
2. Guck mal, das Handy ist ganz neu. - Oh, ich finde _____ echt cool.
3. Wie findest du die Bilder da oben, Paula? - Ich finde _____ ganz schön.
4. Da kommt Gisela. Kennt ihr _____ gut?

6 알맞은 지시대명사를 넣으시오.

1. Da ist *eine Bluse*. Wie findest du _____?
2. Ich sehe gerade *ein Bild* da oben. _____ ist wunderschön.
3. Gisela findet *die Karten* schön. _____ nimmt sie.
4. Da kommt *Frau Schmidt*. _____ kenne ich gut.

7 보기에서 가장 알맞은 단어를 골라 넣으시오.

| einfach | (ein)mal | etwa | ganz | jeweils | langsam | noch |

1. Der Zug fährt _____ los.
2. In Daejeon und Daegu hält der Zug _____ zwei Minuten.
3. Die Fahrt von Seoul bis Busan dauert _____ drei Stunden.
4. Die Puppen sehen _____ exotisch aus.
5. Wann fährt der Zug von Hamburg ab?
   – Einen Moment bitte, ich sehe _____ nach.
6. Wie viel kostet die Fahrkarte?
   – _____ oder hin und zurück?
7. Wann fahren Sie wieder zurück?
   – Das steht _____ nicht fest.

8 다음 명사의 성을 특정관사로 표시하고 복수형을 쓰시오.

_____ Reisebüro _____   _____ Telefonnummer _____
_____ Tageszeitung _____   _____ Hausfrau _____
_____ Fahrkarte _____   _____ Hausaufgabe _____
_____ Augenarzt _____   _____ Arbeitszimmer _____

9 다음을 독일어로 옮기시오.

1. A: München으로 가는 기차가 언제 출발합니까?
   B: 잠깐만요. 한번 확인해보겠습니다. 10시에 출발합니다.
   A: (차표는) 얼마입니까?
   B: 편도입니까, 왕복입니까?
   A: 왕복이요.
2. A: Manfred는 언제 Frankfurt에 도착하니?
   B: 2시에 도착해.
3. A: 이 그림 어떻게 생각하니?
   B: 아주 근사한데.
4. A: 너도 함께 갈래?
   B: 안돼. 곧 수업이 시작돼.
5. Gisela는 지하철(die U-Bahn)를 이용한다.
6. ICE는 이곳에 정차하지 않습니다.
7. 그 기차는 Hannover를 거쳐서 Berlin으로 간다.
8. 그의 친구들은 Köln에서 갈아탄다.

Aussprache

모음

[ɛ]	fängt hält Ende			[ɛ:]	fährt spät
[ə]	_e	Name Karte beide			
	_e+자음	Bummel morgen raten kommen			

[aɪ]   einfach   beide   erreichen

[ɔʏ]   Euro   heute   läuft

자음

sch	[ʃ]	Schule Landschaft Tasche exotisch
dt	[t]	Stadt lädt
t	[t]	Ansicht Geburt
ts/tz	[ts]	Ansichtskarte Geburtstag Platz

l - r	[l] - [r]	Land - Rand raten zurück
b - w	[b] - [v]	Band - Wand wieder bewundern

ch	[x]	Sache noch suchen auch	[ç]	Ansicht ich nicht
-ig	[ɪç]	fünfzig neugierig			

d	[d]	Deutsch Ende Freundin	[t]	Bild Freund Landschaft
g	[g]	geben Tagebuch aussteigen	[k]	Tag trägt Flughafen

강세

첫 음절:	brau|chen	kau|fen	aus|se|hen
	ein|fach	Zei|tung	Rei|se|bü|ro
	Eu|ro	Freun|din	neu|gie|rig
둘째 음절:	zu|rück	be|stel|len	ver|las|sen
세째 음절:	Ko|re|a|nisch		

Gut zu wissen

Wie findest du	den Mann?	- Den	finde ich	nett.	Ich finde	ihn	nett.
	die Frau?	- Die		schön.		sie	schön.
	das Handy?	- Das		cool.		es	cool.
	das Auto?	- Das		toll.		es	toll.
	die Bilder?	- Die		gut.		sie	gut.

Wie viel	kostet das?	- Das kostet	drei Euro.
Was			einen Euro fünfzig.

Wie ist	Ihr Name?	- **Mein Name ist** Manfred Neumann.
	Ihre Telefonnummer?	- Einunddreißig dreiundneunzig neunundachtzig.
	Ihre Adresse?	- Goethestraße 21.
	Ihre E-Mail-Adresse?	- kai_fuchs@hotmail.com

(k - a - i - Unterstrich - f - u - c - h - s - at* - hotmail - Punkt - com)
*at = Klammeraffe

	die Webadresse?	- www.dw.de

(w - w - w - Punkt - d - w - Punkt - d - e)

Wir **machen**	eine Reise.	Die Studenten **steigen in**	München	**ein**.
	einen Spaziergang.		Hannover	um.
	einen Stadtbummel.		Hamburg	aus.

Manfred **fährt mit**	dem Zug.	Gisela **nimmt**	den Bus.
	dem ICE.		den Zug.
	dem Taxi.		ein Taxi.
	der U-Bahn.		die U-Bahn.

Der Zug fährt **von** München **über** Frankfut **nach** Hamburg.

Einfach oder hin und zurück?   - Hin und zurück, bitte.
Was sagst du?   Brauchst du noch was?
Es ist schon spät.   (Alles) in Ordnung.
(Einen) Moment bitte!
Der Zug fährt langsam los.
In Bonn und Köln hält der Zug jeweils drei Minuten.
Die Sachen sehen ganz exotisch aus.

프랑크푸르트(Frankfurt am Main)

마인강에서 바라본 도시 풍경

Frankfurt는 독일의 헤센주에 속하며 북부 라인강의 지류인 마인강 연변에 있는 상공업도시이다. 문호 괴테의 출생지로 더욱 유명하며, 18세기까지는 국왕의 선거 및 대관식이 거행되던 곳이었다. 독일은 물론 유럽의 경제·금융의 중심지로서 국제공항, 유럽중앙은행(Europäische Zentralbank/EZB), 주식·상품거래소 등이 있으며 매년 국제도서박람회(Frankfurter Buchmesse)가 열리고 있다.

뢰머광장(Römerplatz)

Lektion 5 Wie spät ist es jetzt?

Wie spät ist es jetzt?
Es ist sieben Uhr *morgens*.
Heute ist Freitag.
Manfred steht auf und geht *ins* Bad.
Er frühstückt etwa *um* zehn *vor* acht.
Gegen halb neun fährt er *zur* Universität.
Die Vorlesung beginnt *um* Viertel *nach* neun und dauert anderthalb Stunden.
Vor dem Mittagessen arbeitet er noch *in der* Uni-Bibliothek.

Wie viel Uhr ist es?
Es ist zwei Uhr *am* Nachmittag.
Silvia macht einen Tanzkurs.
Sie hat den Kurs *von* zwei *bis* vier Uhr.
Der Tango gefällt *ihr* besonders gut und macht *ihr* viel Spaß.
Zwischen vier und fünf geht sie einkaufen.
Sie kommt dann etwa *um* sechs *nach* Hause.

Am Abend kommt Manfred *zu* Silvia.
Er kocht das Abendessen und Silvia hilft *ihm* dabei.
Und *nach* dem Essen gehen sie ins Kino.
Es ist ja Wochenende!

 ## Um wie viel Uhr fängt das denn an?

Jens hat zwei Theaterkarten. Er ruft Manfred an und lädt ihn ein.

Manfred: Neumann.
Jens: Hallo, Manfred. Hier spricht Jens.
Manfred: Hallo, Jens. *Wie geht es dir?*
Jens: *Es geht mir gut,* danke.
Du, Manfred, hast du morgen Abend schon etwas vor?
Manfred: Nein, ich habe noch nichts vor. Was gibt es denn?
Jens: Goethes »Faust« *im* Stadttheater. Ich habe zwei Theaterkarten. Hast du Lust?
Manfred: Ja, *um* wie viel Uhr fängt das denn an?
Jens: Es fängt *um* Viertel *nach* sieben an und geht *um* halb zehn *zu* Ende.
Manfred: So, dann passt es *mir* gut. Ich komme mit.
Jens: Schön. Bis dann, tschüs!

Wann fliegen Sie?

Es ist Samstagabend. Manfred trifft auf einer Party Frau Professor Sabine Weber.

Manfred:	Guten Abend, Frau Weber!
Frau Weber:	Guten Abend, Herr Neumann! Das ist aber eine Überraschung! *Wie geht es Ihnen denn?*
Manfred:	Danke, *mir geht es gut*. Und *Ihnen*?
Frau Weber:	Auch nicht schlecht. Was machen Sie zurzeit?
Manfred:	Ich arbeite viel. Ich mache *im* Sommer Examen. Und Sie?
Frau Weber:	Ich mache bald eine Reise *nach* Amerika, *nach* New York.
Manfred:	Ja? Wann fliegen Sie denn?
Frau Weber:	*Im* Juni. Da findet eine Konferenz statt.
Manfred:	Waren* Sie schon mal *in* New York?
Frau Weber:	Ja, *im* letzten Jahr.
Manfred:	Und wie lange bleiben Sie diesmal?
Frau Weber:	Nur ein paar Tage.
Manfred:	Dann wünsche ich *Ihnen* eine gute Reise!
Frau Weber:	Danke! Viel Spaß noch!

* war: sein 동사의 과거형 ☞ ⓁⅬ9, Ⓛ10

Wörter und Ausdrücke

하루 중 시간, 요일, 달, 계절

der Tag - die Woche - der Monat - das Jahr
die Uhrzeit - die Tageszeit - der Wochentag - die Jahreszeit

Tageszeiten:
   (der) Morgen - Vormittag - Mittag - Nachmittag - Abend
   (die) Nacht - Mitternacht
   am Morgen (아침에)   in der Nacht (밤에)

Wochentage:
   (der) Montag - Dienstag - Mittwoch - Donnerstag - Freitag - Samstag/Sonnabend - Sonntag
   am Montag (월요일에)

Monate:
   (der) Januar - Februar - März - April - Mai - Juni - Juli - August - September - Oktober - November - Dezember
   im Januar (1월에)

Jahreszeiten:
   (der) Frühling - Sommer - Herbst - Winter
   im Frühling (봄에)

○ Welchen Wochentag haben wir heute?   ● Wir haben heute Montag.
○ Welcher Wochentag ist heute?   ● Heute ist Mittwoch.

Wie spät ist es jetzt?

Grammatik

1 시각 (Die Uhrzeiten)

1.1 시각 말하기

- *Wie spät ist es?* / *Wie viel Uhr ist es?*
- Es ist **ein Uhr dreißig**. / Es ist **halb zwei**.

공식적으로 말하기(24시간 표시방식) *	시각	일상적으로 말하기(12시간 표시방식)
zwölf Uhr fünf	12.05 Uhr	fünf *nach* zwölf
dreizehn Uhr zehn	13.10 Uhr	zehn *nach* eins
vierzehn Uhr fünfzehn	14.15 Uhr	Viertel *nach* zwei
fünfzehn Uhr zwanzig	15.20 Uhr	zwanzig *nach* drei / zehn *vor* **halb vier**
sechzehn Uhr fünfundzwanzig	16.25 Uhr	fünf *vor* **halb fünf**
siebzehn Uhr dreißig	17.30 Uhr	**halb sechs**
achtzehn Uhr fünfunddreißig	18.35 Uhr	fünf *nach* **halb sieben**
neunzehn Uhr vierzig	19.40 Uhr	zwanzig *vor* acht / zehn *nach* **halb acht**
zwanzig Uhr fünfundvierzig	20.45 Uhr	Viertel *vor* neun
einundzwanzig Uhr fünfzig	21.50 Uhr	zehn *vor* zehn
zweiundzwanzig Uhr fünfundfünfzig	22.55 Uhr	fünf *vor* elf
dreiundzwanzig Uhr	23.00 Uhr	elf Uhr
vierundzwanzig Uhr	24.00 Uhr	zwölf Uhr (nachts) / null Uhr
null Uhr fünf	00.05 Uhr	fünf *nach* zwölf (nachts)

 * 공식적인 일(기차의 발차시각, 방송의 시보, 공식일정표 등)에서는 24시 방식이 쓰여서 정오부터 자정까지의 오후 시각도 12.05 Uhr, 13.10 Uhr, 14.15 Uhr 등으로 나타내고 그대로 읽는다. 일상생활에서는 일반적으로 12시 방식이 쓰인다.

Wie spät ist es? → Es ist *ein* Uhr. / Es ist *eins*. (한 시입니다.)
Was ist das? → Das ist *eine* Uhr. (이것은 시계입니다.)

1.2 시간 단위와 길이

ein Tag	= 24 Stunden	15 Minuten	= eine Viertelstunde
eine Stunde	= 60 Minuten	30 Minuten	= eine halbe Stunde
eine Minute	= 60 Sekunden	45 Minuten	= eine Dreiviertelstunde
		90 Minuten	= eineinhalb Stunden / anderthalb Stunden

2 전치사(Präpositionen) II

2.1 때와 시간 ☞ L 6

an, gegen, in, nach, vor, seit, um, zwischen

2.1.1 Wann? (I)

◎ *Vor* dem Mittagessen arbeitet Petra in der Bibliothek.
  Nach der Vorlesung fährt sie nach Hause.

○ *Wann* stehst du auf, Manfred?
● *Um* sieben.
● *Gegen* halb acht.

○ *Um wie viel Uhr* fängt die Vorlesung an?
● *Um* Viertel *nach* neun.
○ *Wann* fährt der Zug ab?
● *Um* Viertel *vor* acht.
○ *Wann* machst du Kaffeepause, Silvia?
● *Zwischen* vier und fünf.
○ *Seit wann* wohnt Kai in Leipzig?
● *Seit* einem Monat.

2.1.2 Wann? (II)

○ Trinkst du *am* Morgen Kaffee?
● Nein, **morgens** trinke ich keinen Kaffee.

○ Was macht Silvia *am* Freitag?
● Sie macht **freitags** einen Tanzkurs.

○ Habt ihr *am* Wochenende etwas vor?   • Ja, wir gehen ins Kino.

○ Schläfst du gut *in der* Nacht?   • Nein, **nachts** schlafe ich nicht gut.

○ *Wann* machst du das Examen, Manfred?
    • *Im* Sommer.
    • *Im* Juni.

○ *Wann* warst du in Deutschland?   • (*Im* Jahr) 2018*.

     * 연도를 나타내는 숫자 앞에는 *in*이 오지 않는다.
       단 위의 문장에서 2018년은 im Jahr(e) 2018 (zweitausendachtzehn)으로 쓸 수 있다.

○ *Wie oft* gehen Sie ins Ausland, Herr Weber?
    • Zwei- oder dreimal *im* Jahr.
    • Einmal *im* Monat.

○ *Wie lange* hast du noch Zeit, Jens?
    • *Eine halbe* Stunde.
    • *Eine Viertelstunde*.

○ *Wie lange* dauert heute der Sprachkurs?
    • Er dauert *anderthalb/eineinhalb* Stunden.

○ *Wie lange* bleiben Sie in München?   • *Einen* Monat.

2.2 장소 및 방향을 나타내는 전치사 II ☞ L4, L6

○ *Wo* findet die Konferenz statt?   • *In* Russland.

○ *Wo* seid ihr heute Abend?
    • *Im* Theater.
    • *In der* Bibliothek. Wir arbeiten.

○ *Wohin* geht ihr?
    • *In die* Bibliothek.
    • *In die* Disko. / *Ins* Theater.

○ *Wo* gehst du *hin*?
- *Zur* Uni.
- *Zu* Silvia.
- *Nach* Hause.
- *Nach* Prag.

3 3격목적어를 취하는 동사 (Verben mit Dativobjekt)

○ Wer *hilft **dir***, Manfred?
- Meine Freunde *helfen **mir***.

○ *Hilfst* du dein**en** Freund**en** auch?
- Ja, ich *helfe **ihnen*** gern.

○ Wie finden Sie das Bild?
- Schön, es *gefällt **mir*** gut.

○ Wir kommen am Sonntag zu euch.
- Sonntag *passt **uns*** nicht.

○ Das Autofahren macht *uns* viel Spaß.

○ Ich fliege am Montag nach Kanada.
- Ja? Dann wünsche ich ***dir/Ihnen**** eine gute Reise.

* duzen하는 사이에서는 *dir*, siezen하는 사이에서는 *Ihnen*을 쓴다.

4 비인칭주어 (unpersönliches Subjekt) es

◎ ***Es*** ist schon spät.
◎ ***Es*** ist Samstagabend.
◎ Hier gibt *es* Ansichtskarten.

○ Wie spät ist *es* jetzt?
- *Es* ist Viertel nach zehn.

○ Wie geht *es* Ihnen, Herr Schmidt?
- Danke, *es* geht mir gut. Und Ihnen?

○ Was gibt *es* heute Abend im Fernsehen?
- Einen Krimi.

Übungen

① 보기와 같이 시각에 대해 묻고 답하시오.

> **20.50 Uhr**
> Wie spät ist es? / Wie viel Uhr ist es?
> Es ist zwanzig Uhr fünfzig. / Es ist zehn vor neun.

13.15 Uhr	07.20 Uhr	04.25 Uhr	21.10 Uhr	18.30 Uhr
10.40 Uhr	09.35 Uhr	23.55 Uhr	22.05 Uhr	15.45 Uhr

② 보기와 같이 전화번호 또는 휴대폰 번호를 묻고 답하시오.

> **Sabine: (0421) 56 01 28**
> Wie ist deine Telefonnummer / Handynummer?
> die Vorwahl, null vier zwo* eins, (dann) sechsundfünfzig null eins achtundzwanzig 또는 fünf sechs null eins zwo* acht

1. Tobias: 5 21 43
2. Karin: 89 12 87
3. Markus: 41 90 38
4. Joachim: 0175 - 9 76 - 85 41
5. Minho: 010 - 9876 - 5432

* (전화로) 숫자를 말할 때는 drei와 발음상 혼동을 피하기 위하여 zwei를 zwo로 읽기도 한다.

3 주어진 표현들을 적절히 넣어 의문문을 만드시오.

wie lange - wann - um wie viel Uhr - wie viel Uhr - wie oft - wie spät

1. _____ findet die Konferenz statt?   - Morgen.
2. _____ bleiben Sie in München?   - Zwei Wochen.
3. _____ beginnt der Unterricht?   - Um 9.15 Uhr.
4. _____ gehst du ins Theater?   - Einmal im Monat.
5. _____ dauert das Fußballspiel?   - Anderthalb Stunden.
6. _____ gehen Sie ins Bett?   - Gegen Mitternacht.
7. _____ ist es jetzt?   - Halb eins.

4 빈 곳에 전치사 (또는 전치사와 정관사의 축약형)를 골라 넣으시오.

an   auf   gegen   in   nach   um   zu

Manfred hat zurzeit viel Arbeit:

1. Er macht _____ Mai eine Prüfung.
2. _____ Freitagvormittag hat er eine Vorlesung.
3. Etwa _____ halb neun fährt er _____ Universität.
4. _____ der Vorlesung arbeitet er noch _____ der Uni-Bibliothek.
5. Und _____ sechs Uhr kommt er nach Hause.
6. Aber _____ Wochenende geht er gern _____ Silvia.
7. Sie gehen dann _____ Kino.

5 빈 곳에 인칭대명사를 알맞게 넣으시오.

1. A: Wie geht es _____, Herr Müller?
   B: Danke, _____ geht es gut. Und _____ ?
2. A: Wie geht es _____, Armin?
   B: Nicht schlecht, danke. Und _____ ?

3. A: Du tanzt wirklich gut, Silvia.

 B: Danke, Tanzen macht _____ viel Spaß.

4. A: Die Fotos gefallen _____ gut.

 B: Ja, die finde ich auch schön.

6 소유관사의 어미를 알맞게 넣으시오.

1. Manfred hilft sein_____ Freundin gern.
2. Kathrin hilft ihr_____ Freund auch gern.
3. Wolfgang wünscht sein_____ Professorin eine gute Reise.
4. Wie geht es dein_____ Bruder, Nina?
5. Silvia ruft ihr_____ Freund Manfred an.
6. Jens lädt sein_____ Freunde ein.

7 각자 질문에 대답해 보시오.

1. Wann stehst du auf?
   _____

2. Wann frühstücken Sie?
   _____

3. Seht ihr abends viel fern?
   _____

4. Wann gehst du ins Bett?
   _____

5. Was machen Sie am Wochenende?
   _____

6. Wie ist deine Handynummer?
   _____

7. Wie ist Ihre E-Mail-Adresse?
   _____

8 다음을 독일어로 옮기시오.

1. 지금 몇 시입니까? – 11시 15분입니다.
2. 몇 시에 수업이 시작됩니까? – 1시 30분에요.
3. 어떻게 지내세요? – 잘 지냅니다. 선생님은요?
4. 네 남동생은 잘 있니? – 응. 네 여동생은 어떻게 지내?
5. 언제 월드컵 축구경기(Fußball-Weltmeisterschaft/ Fußball-WM)가 열리나요?
6. Manfred는 자기 여자친구를 초대한다.
7. Nina는 자기 남자친구를 도와준다.
8. 내가 오늘 저녁에 너에게 전화할게.
9. 넌 수요일에 수업이 없니?
10. 여행 잘 다녀오십시오.
11. 너희들 수업 끝난 다음에 뭐하니? – 우린 집에 갈 거야.

Aussprache

모음

[e]	Konferenz Sekunde		[eː]	gegen Bibliothek	
[ɛ]	treffen denn Moment		[ɛː]	Universität	
[ɔ]	Konferenz kommt morgens		[oː]	so oder	
[œ]	zwölf		[øː]	schön Goethe	
[ʊ]	Sekunde		[uː]	Minute gut Fußball	
[ʏ]	fünf wünschen		[yː]	Überraschung Frühling	
[eaː]	Theater Lineal				

자음

b	[b]	halbe gebe		[p]	halb gibt Herbst
ch	[x]	machst noch suchen auch			
	[ç]	spricht nicht Ansicht euch			
chs	[ks]	sechs Fuchs			
x	[ks]	Examen			
sp	[ʃp]	Spaß spät spricht Spiel			
st	[ʃt]	Stunde Stück Stadttheater			
v	[f]	Vorlesung Viertel viel	[v]	Vitamin Vokal Universität	
th	[t]	Theater Goethe Bibliothek			

강세

첫 음절: Vier|tel   früh|stückt   dau|ert   drei|mal
              an|dert|halb   hof|fent|lich   Vor|le|sung
              Mit|tag|es|sen   Wo|chen|en|de

둘째 음절: Mo|ment   E|xa|men   The|a|ter   zu|erst
              zur|zeit

세째 음절: Kon|fe|renz   Ü|ber|ra|schung

넷째 음절: Bi|bli|o|thek

다섯째 음절: U|ni|ver|si|tät

Gut zu wissen

Wie geht es **dir**?
 Ihnen?
 euch?
 deinem Vater?
 Ihrer Frau?
Hast du **morgen Vormittag** etwas vor?
 am Mittwoch
 am Wochenende

Welchen Wochentag haben wir heute? - Wir haben heute Montag.
Welcher Wochentag ist heute? - Heute ist Mittwoch.

Wie spät ist es jetzt?
Wie viel Uhr ist es jetzt? - Es ist halb eins.
 - Es ist Viertel vor neun.
Um wie viel Uhr fängt die Vorlesung an? - **Um Viertel nach acht.**
Wie lange dauert der Unterricht? - **Anderthalb Stunden.**
 das Interview? - **Eine halbe Stunde.**
Wann fliegen Sie nach Deutschland zurück? - **Im Mai.**
 - **Im Herbst.**

Was gibt es heute Abend im Stadttheater? - Ein Stück von Goethe.
 heute Abend im Fernsehen? - Einen Krimi.

Das Foto **gefällt mir** gut.
Tanzen macht **mir** viel Spaß.
Sonntag **passt uns** nicht.
Was machen Sie **zurzeit**?
Das ist eine Überraschung!
Ich wünsche **dir** / **Ihnen** eine gute Reise!
 (Eine) gute Reise!
 (Ein) schönes Wochenende!
Viel Spaß (noch)!

볼로냐 협정 (Bologna-Prozess)

"볼로냐 협정"이란?

영국, 프랑스, 독일, 이탈리아가 중심이 되어 2010년까지 단일한 고등교육제도를 설립, 유럽 대학들의 국제 경쟁력을 높이고자 볼로냐에서 1999년에 출범한 범유럽 대학교육 개혁 및 강화 프로그램이다. 당시 30개의 유럽국가가 이 협정에 가입 및 서명했으며 현재 47개국이 가입되어 있다. 유럽 교육계에서 대학들이 제휴와 합병을 통해 학문 및 취업에 있어서 비유럽 국가 대학들과의 경쟁력을 강화시키려는 목적으로 출범한 교육 협정이다.

"볼로냐 협정"의 핵심 내용

첫째, 국립대학들의 학위제 통일이며 둘째, 대학 교육 품질을 보증하기 위한 국가인증제도 도입이다.

"볼로냐 협정"에 따르면 가맹국 내에서는 대학 졸업장 하나로 모든 나라를 넘나들 수 있게 된다. 다시 말해, 유럽 어느 대학을 나오든 유럽 내 어디서나 취업을 할 수 있는 자격요건을 갖추게 되었다는 의미이다. 핵심 내용은 미국식 학사, 석사, 박사 제도로의 학제 개편이다. 일반적으로 학사(Bachelor)는 3년, 석사(Master)는 2년, 박사(Doctor)는 3년 안에 취득할 수 있도록 규정되어 있다. 특히 학사 학위 취득 후 곧바로 취업이 가능하도록 하는 게 개편의 현실적 목표이며, 가장 중요한 변화는 독일 대학은 물론 모든 유럽 대학에서 수학 연한이 대폭 줄어든 것이다.

예를 들면 독일에서 학사과정은 일반적으로 6학기에(경우에 따라 8학기도 허용), 석사과정은 4학기에 마치도록 되어 있다.

(참고 사이트 : http://www.bmbf.de/de/3336.php, http://de.wikipedia.org/wiki/Bologna-Prozess)

Lektion 6
Bestellen Sie gleich auch ein Taxi!

Karin Schönberg ist Sekretärin. Sie kommt um acht Uhr ins Büro. Sie legt die Tasche auf den Tisch und schaltet den Computer ein. Dann macht sie Kaffee und beginnt mit der Arbeit. Um neun Uhr kommt ihr Chef Michael Krüger ins Büro. Er hat heute Morgen Ärger, denn sein Wagen ist kaputt. Er ruft Frau Schönberg in sein Büro und sagt:

Krüger:	Frau Schönberg, mein Auto ist kaputt.
	Rufen Sie bitte die Werkstatt *an*!
	Und *bestellen Sie* gleich auch ein Taxi!
	Ich habe um zehn eine Verabredung.
	Um zwei Uhr besucht uns unser Geschäftspartner Klaus Bömer.
	Suchen Sie vor dem Gespräch alle Papiere zusammen und bringen Sie diese mit!
Schönberg:	In Ordnung, Herr Krüger.
Krüger:	Und noch eins. Buchen Sie einen Flug nach Frankfurt für morgen um neun Uhr!
Schönberg:	Sonst noch etwas?
Krüger:	Nein, das ist alles. Danke!

Räum das Zimmer endlich auf!

Mutter: Mein Gott! Wie sieht denn das Zimmer aus!
Sohn: Nicht gerade schön, aber ...
Mutter: Das ist ja kein Zimmer mehr, das ist schon ein ...
Sohn: Tut mir Leid, aber ...
Mutter: *Räum* endlich *auf* !
Sohn: Aufräumen, aber wie?
Mutter: Zuerst einmal, *stell* die Bücher ins Regal!
Sohn: Ja. Und dann?
Mutter: *Stell* die Lampe auf den Tisch!
Sohn: Ich stelle sie auf den Tisch. Was noch?
Mutter: Der Kalender liegt auf dem Boden. *Häng* ihn bitte an die Wand!
Sohn: Okay. - Jetzt hängt er an der Wand.
Mutter: Und dein Hemd. Das ist schmutzig. *Steck* es in die Waschmaschine!
Sohn: Sofort.
Mutter: Wieso liegen die Kaffeetassen hinter der Tür? *Gib* sie mir! Ich bringe sie in die Küche.
Sohn: Hier bitte, *nimm*!
Mutter: Und dein Papierkorb ist voll. *Leer* ihn *aus*!
Sohn: Aber Mami, ich hab'* Hunger. *Machen wir* nach dem Essen weiter!

* hab' = habe

Räumt bitte den Tisch ab!

Gisela bekommt Besuch. Ihre Geschwister Renate und Manfred kommen aus Deutschland. Gisela holt sie am Flughafen ab.

Gisela:	So, jetzt sind wir zu Hause. *Kommt herein*!
Manfred:	Wir haben etwas für dich, Gisela: eine Bluse und Bier aus Deutschland.
Gisela:	Oh! Danke! Die Bluse ist wunderschön.
Renate:	*Stell* das Bier gleich in den Kühlschrank und *probier* mal die Bluse *an*!
Gisela:	Ja. - Die passt.
Manfred:	Sie steht dir gut, Gisela.
Gisela:	Danke, Manfred! Sie gefällt mir auch.
Renate:	Da hängt eine Maske an der Wand!
Gisela:	Ja. Wie findest du sie, Renate?
Renate:	Ganz originell! - Was steht hier? *Lies* mal!
Gisela:	„Andong-Hahoetal." Die trägt man beim Maskentanz. *Wartet*! Ich zeige euch die Fotos. - Hier. *Schaut* mal!
Manfred:	Interessant! - Übrigens, warum trinken wir das Bier nicht? Ich hab' Durst.
Gisela:	Ich auch. Ich hol's* gleich. *Räumt* bitte den Tisch *ab*!
Alle:	Prost!
Gisela:	Mmm! Das schmeckt!

* hol's = hole es

Grammatik

1 명령법(Imperativ)

명령법은 듣는 사람에게 직접 요구(명령, 권유, 경고)하는 화법으로서, 동사의 명령형을 통해 표현된다.
- 동사의 명령형은 2인칭(du/ihr; Sie)에만 있다.
- 명령문에서 주어(듣는 사람)는 존칭(Sie)인 경우에만 사용하고, 친칭(du/ihr)인 경우에는 사용하지 않는 것이 일반적이다.

```
du-명령형   →                    (e)      ➡ Komm!
ihr-명령형  →   동사어간   +      t       ➡ Kommt!
Sie-명령형  →   komm-           en + Sie  ➡ Kommen Sie!
```

	du-명령형	ihr-명령형	Sie-명령형
holen	Hol(e)!	Holt!	Holen Sie!
fahren	Fahr(e)!*	Fahrt!	Fahren Sie!
laufen	Lauf(e)!*	Lauft!	Laufen Sie!
anrufen	Ruf(e) an!	Ruft an!	Rufen Sie an!
entschuldigen	Entschuldig(e)!	Entschuldigt!	Entschuldigen Sie!
warten	Wart(e)!	Wartet!	Warten Sie!
geben	**Gib**!	Gebt!	Geben Sie!
sehen	**Sieh**!	Seht!	Sehen Sie!
nehmen	**Nimm**!	Nehmt!	Nehmen Sie!
sein	**Sei** ruhig!	**Seid** ruhig!	**Seien** Sie ruhig!

* 직설법에서 어간모음 a가 ä로 변모음하는 동사들은 명령형에서 변모음하지 않는다.

명령법	직설법
Fahr doch langsam!	Du fährst zu schnell.
Fahrt doch langsam!	Ihr fahrt zu schnell.
Fahren Sie doch langsam!	Sie fahren zu schnell.

> 명령문을 도와 주는 낱말에는 *bitte, mal, doch, schon* 등이 있다.

du-명령형
Probier mal die Bluse **an**!
Was steht hier? **Lies** mal!
Gib mir die Kaffeetassen!
Sprich doch leise!
Gisela, **nimm** deinen Rucksack **mit**!

ihr-명령형
Wartet! Ich zeige euch die Fotos.
Kommt herein!
Räumt bitte den Tisch **ab**!
Seid brav, Jungs!
Habt keine Angst!

Sie-명령형
Bestellen Sie jetzt bitte ein Taxi!
Lassen Sie mich bitte in Ruhe!
Rufen Sie die Werkstatt **an**!
Nehmen Sie Platz!

wir-청유형
Machen wir Pause!
Machen wir nach dem Essen **weiter**!
Gehen wir ins Kino!

2 3격 및 4격 목적어를 취하는 동사 (Verben mit Dativ- und Akkusativobjekt)

> 한 문장에 3격 목적어와 4격 목적어가 함께 나타날 경우, 그 형태에 따라 어순이 달라진다.
> - 3격 및 4격 목적어가 모두 명사구일 때에는 3격 목적어가 4격 목적어 앞에 온다.
> - 3격 및 4격 목적어가 모두 인칭대명사로 나타날 때에는 4격 목적어가 3격 목적어 앞에 온다
> - 3격 및 4격 목적어 가운데 하나는 명사구이고 다른 하나는 인칭대명사일 때에는 격에 관계없이 인칭대명사가 명사 앞에 온다.

Gisela	zeigt	ihren Geschwistern	die Fotos.
		Renate und Manfred	
		ihnen	

Gisela	zeigt	sie	ihren Geschwistern.
			Renate und Manfred.
			ihnen.

Bringen Sie *Frau Meyer* **die Akten**!
Wieso liegen die Kaffeetassen hinter der Tür? *Gib* **sie** *mir*!
Ich kaufe *meinem Sohn* **ein Fahrrad**. Morgen kaufe ich **es** *ihm*.

3　의문대명사 *wer*의 3격 및 4격:　wem/wen ☞ L8

Der Sohn gibt *seiner Mutter* die Kaffeetassen:
　　○ ***Wem*** gibt der Sohn die Kaffeetassen?
　　• *Seiner Mutter*.
Renate und Manfred besuchen *ihre Schwester*:
　　○ ***Wen*** besuchen Renate und Manfred?
　　• *Ihre Schwester*.

4　전치사(Präposition) III　☞ L4, L5, L7, L8

4.1　3격 또는 4격을 취하는 전치사(Präpositionen mit dem Dativ oder Akkusativobjekt)

| an | auf | hinter | in | neben | unter | über | vor | zwischen |

4격: 장소의 이동	3격: 고정된 위치
○ Hängen Sie den Kalender **an** *die* Wand!	• Der hängt schon **an** *der* Wand.
○ Stellen Sie die Bücher **in***s* Regal!	• Die stehen schon **im** Regal.
○ Setzen Sie das Kind **auf** *den* Stuhl!	• Es sitzt schon **auf** *dem* Stuhl.
○ Leg die Brille **neben** *das* Buch!	• Die liegt schon **neben** *dem* Buch.
○ Stell die Flasche **unter** *den* Tisch!	• **Unter** *dem* Tisch steht aber der Papierkorb.
❗ Es gibt keine Brücke **über** *den* Fluss*.	❗ Stell dein Fahrrad nicht **vor** *der* Tür ab!

* '강위의 다리'를 나타낼 때는 '다리가 강을 횡단하는 것임'을 강조하여 3격이 아니라 4격의 *den*을 사용한다.

4.2 4격을 취하는 전치사 (Präpositionen mit dem Akkusativ) ☞ ⓛ 8

um	durch	entlang	für	gegen	ohne

Der Chef ist *gegen* den Plan.
Sind Sie *für* den Ausflug?
Wir haben etwas *für* dich: eine Bluse.
Frau Weber trinkt Kaffee *ohne* Zucker.

Karin biegt *um* die Ecke.
Der Zug fährt *durch* den Tunnel.
Die Schüler laufen die Straße *entlang*.

4.3 3격을 취하는 전치사 (Präpositionen mit dem Dativ) ☞ ⓛ 8

aus	bei	mit	nach	gegenüber	von	zu	bis zu

○ Wohin gehst du? • ***Zum*** Flughafen. Ich hole meinen Freund ab.

○ Woher kommt er? • ***Aus*** der Schweiz.
○ Und wo wohnt er hier? • ***Bei*** mir ***zu*** Hause.

○ Wohin fliegt Marie? • ***Nach*** Frankreich.
○ Fliegt sie allein? • Nein, ***mit*** ihrem Mann zusammen.

○ Woher kommst du jetzt? • ***Von*** der Post.
○ Wo liegt die Post? • ***Gegenüber*** dem Bahnhof.

- Wie lange dauert es **vom** Hotel **bis zur** Post?
- Wie komme ich **zum** Bahnhof?

- Fünf Minuten **zu** Fuß.
- Gehen Sie **nach** rechts.

 aus, nach, von, zu는 장소의 이동을 나타낼 때 쓰이나, 항상 3격의 목적어를 요구한다.

4.4 전치사와 특정관사의 축약

an dem	⇒	**am**	zu dem	⇒	**zum**	hinter das	⇒	**hinters**
bei dem	⇒	**beim**	zu der	⇒	**zur**	in das	⇒	**ins**
in dem	⇒	**im**	an das	⇒	**ans**	um das	⇒	**ums**
von dem	⇒	**vom**	auf das	⇒	**aufs**	vor das	⇒	**vors**

5 어순(Wortstellung) II

I	II	문장 가운데			문장끝
Das Hemd	liegt			auf dem Boden.	
	Hängen	Sie	das Hemd	in den Schrank!	
	Steck		das Hemd	in die Waschmaschine!	
	Rufen	Sie	die Werkstatt		**an**!
Wie	findest	du	die Maske?		
Ich	finde		sie	ganz originell.	
Die Maske	sieht			komisch	**aus**.

I	II	문장 가운데			문장끝
Karin	fährt		heute	mit dem Bus	nach Köln.	
Heute	fährt	sie		mit dem Bus	nach Köln.	
Mit dem Bus	fährt	sie	heute		nach Köln.	
Nach Köln	fährt	sie	heute	mit dem Bus.		
Sie	kommt		morgen	mit dem Bus	von Köln	**zurück**.

114 Lektion 6

Übungen

① 다음 문장을 보기와 같이 고치시오.

> Komm sofort! → *Kommen Sie sofort!*
> Antwortet bitte! → *Antworten Sie bitte!*

1. Frag doch deinen Lehrer! _____
2. Lest mal den Roman! _____
3. Iss die Suppe auf! _____
4. Sprich doch laut! _____
5. Nimm Platz! _____
6. Seid doch ruhig! _____
7. Ruf mich morgen an! _____

> Warten Sie hier! → *Warte hier!*

1. Entschuldigen Sie! _____
2. Bitte antworten Sie! _____
3. Fahren Sie nach Haus! _____
4. Kommen Sie herein! _____
5. Machen Sie bitte die Tür auf! _____
6. Lassen Sie mich bitte in Ruhe! _____
7. Bitte geben Sie mir das Handy! _____

8. Essen Sie doch langsam! _____

9. Helfen Sie mir! _____

10. Sprechen Sie nicht so laut! _____

11. Nehmen Sie Platz! _____

12. Lesen Sie bitte meine E-Mail! _____

13. Sehen Sie nicht so viel fern! _____

14. Seien Sie bitte ruhig! _____

> Haben Sie keine Angst! → Habt keine Angst!

1. Legen Sie die Schuhe nicht auf das Bett!
   _____

2. Geben Sie meinem Kind keine Schokolade!
   _____

3. Nehmen Sie mich ein Stück mit, bitte!
   _____

4. Seien Sie ruhig!
   _____

② 알맞은 전치사를 골라 보기와 같이 문장을 완성하시오.

| in | auf | zwischen | an | über | hinter | unter | vor |

Beispiel: *Die Post liegt* __neben der__ *Bank.*

1. Das Bild hängt _____ Wand.

2. Der Computer steht _____ Tisch.

3. Die Butter liegt _____ Kühlschrank.

4. Das Kind schläft _____ Bett.

5. Es gibt keine Brücke _____ Fluss.

6. Der Mann steht draußen _____ Tür.

7. Das Buch liegt _____ Regal.

8. Der Schauspieler steht _____ Vorhang.

9. Wo sind die Kinder? - Sie spielen _____ Spielplatz.

10. Die Kanne steht _____ Tassen.

3 아래 전치사를 이용하여 빈 칸에 알맞은 말을 넣으시오.

| zu   bis   um   von   aus   bei   durch   entlang   gegenüber   nach |

Beispiel: *Gehst du nicht __zur__ Schule? - Nein, heute ist Samstag.*

1. Entschuldigung, wie komme ich _____ Bahnhof?

   - Gehen Sie den Fluss _____ !

     Dort gehen Sie _____ rechts!

2. Ich finde das Haus nicht. Wo liegt es?

   - Es liegt _____ dem Hotel.

3. Ihr Hund läuft _____ den Park.

4. Ist Monika Österreicherin?

   - Nein, sie kommt _____ Schweiz.

5. Wo schläft Manfred heute? - _____ mir zu Hause.

6. Der Bus fährt nicht zur Heinestraße.

   Er fährt nur _____ Marktplatz.

7. Gehen Sie _____ die Ecke! Da finden Sie eine Bank.

8. Herr Krüger fliegt heute _____ Frankfurt.

9. Ich komme gerade _____ zu Hause.

④ 빈 칸에 알맞은 소유관사를 넣으시오.

> Herr Müller besucht ___seinen___ Freund.

1. *Die Sekretärin* ruft _____ Chef an.
2. *Das Mädchen* räumt _____ Zimmer auf.
3. *Mein Vater* arbeitet jetzt in _____ Büro.
4. *Hans und Eva* zeigen mir _____ Auto.
5. *Die Schüler* machen _____ Hausaufgaben.
6. *Gisela* zeigt _____ Geschwistern die Fotos.
7. *Manfred* schreibt _____ Eltern einen Brief.
8. Wie geht es _____ Frau, *Herr Schmidt*?
9. *Ich* kaufe _____ Kindern keine Schokolade.
10. Nimmst *du* _____ Rucksack mit, Gisela?
11. *Wir* arbeiten für _____ Kinder.

⑤ 빈 칸에 알맞은 특정관사를 넣으시오.

> Stellen Sie den Regenschirm in ___die___ Ecke!

1. Hängen Sie den Mantel an _____ Wand!
2. Legen Sie die Tasche auf _____ Tisch!
3. Bringen Sie den Hund hinter _____ Haus!
4. Hängen Sie die Wäsche nicht über _____ Bett!
5. Stellt eure Fahrräder nicht vor _____ Tür ab!
6. Hol das Bier aus _____ Kühlschrank!
7. Stellen Sie den Teller zwischen _____ Messer und _____ Gabel!

6 다음을 독일어로 옮기시오.

1. A: 찻잔을 탁자에 놓아라.
   B: 이미 놓여 있어요.
2. 내게 의자를 가져 와.
3. 나 좀 내버려 둬.
4. 너희들 대답 좀 해.
5. 너희들 책 좀 읽어.
6. 방 좀 치워.
7. 앉아라.
8. 책을 덮으시오.
9. 우리 밥 먹고 계속 합시다.
10. A: 달력을 벽에 걸어라.
    B: 이미 걸려 있어요.

 **Aussprache**

자음겹침

Bluse	bleiben	Bruder	bringen
Flug	fleißig	Frankfurt	Manfred
gleich		groß	
Platz		prost	
schlecht		Kühlschrank	

| Werkstatt | Schönberg | Papierkorb | sofort |
| links | rechts | Durst | Herbst |

[r]의 모음화

| -er [ɐ] | Ärger | Bücher | Hunger | immer | Kalender |
| -r [ɐ̯] | Bier | mir | wir | Uhr | für |

강세

첫 음절: Au|to   Fo|tos   Ord|nung
         Deutsch|land   end|lich   schmut|zig
         Mas|ken|tanz   wun|der|schön   Wasch|ma|schi|ne

둘째 음절: ka|putt   so|fort   Be|such   Re|gal
           Bü|ro   wie|so   Ge|spräch
           be|stel|len   Com|pu|ter   Ka|len|der   Pa|pier|korb
           Ver|ab|re|dung   Ent|schul|di|gung

셋째 음절: Se|kre|tä|rin
넷째 음절: in|te|res|sant   o|ri|gi|nell

Gut zu wissen

Wie komme ich	**zur** Heinestraße?		**Fahren Sie**	nach links!	
	zur Universität?			nach rechts!	
	zum Bahnhof?			geradeaus!	
	zum Rathaus?				

Mein	*Wagen*		*ist kaputt.*	*Ich habe*	Hunger.	
	Computer				Durst.	
	Drucker				Angst.	
Meine	Uhr				Ärger.	
					eine Verabredung.	

Die Bluse **steht dir gut.**
Der Rock   ihr
Der Hut   ihm

Rufen Sie	die Werkstatt	*an!*	*Räum*	das Zimmer	endlich *auf!*
	die Polizei			den Tisch	
	Frau Wecker			den Schrank	

Leg die Tasche	*auf den* Tisch!		*Die Tasche* *liegt*	*auf dem* Tisch.
	unter das Bett!			unter dem Bett.
	in den Schrank!			im Schrank.

Wie sieht das Zimmer aus!   *Tut mir Leid!*
Was steht hier?   *Prost!*
Passen Sie auf!   *Das schmeckt gut!*
Machen wir nach dem Essen weiter!

쇤브룬 궁전 (SCHLOSS SCHÖNBRUNN)

Kaiserschloss

Gloriette

Park

Schloss Schönbrunn은 비인 숲(Wiener Wald) 근처에 자리잡고 있는 합스부르크(Habsburg) 왕가의 여름 별궁으로서, 마리아 테레지아(Maria Theresia)는 주로 이곳에서 궁중 업무를 보았다. Schönbrunn이라는 이름은 이곳에서 아름다운 샘(Schöner Brunnen)을 발견한 데서 유래한다. 총 1400개의 방 가운데 거울의 방(Spiegelsaal)은 6세의 모차르트(Wolfgang Amadeus Mozart)가 마리 앙투아네트(Marie Antoinette)에게 구혼한 곳으로도 유명하다. 기하학적인 화단과 분수, 조각상 등이 아름답게 어우러진 왕궁 정원은 1.7㎢에 달하고, 정원 끝에는 1747년 프러시아(Preußen)와 싸워 이긴 것을 기념하는 그리스 풍 건축물 글로리에테(Gloriette)가 있다.

Lektion 7
Jetzt müssen sie Fahrkarten kaufen

Renate und Manfred kommen gerade aus Korea zurück.
Das Flugzeug landet um 17 Uhr auf dem Frankfurter Flughafen.
Renate *will* ihre Schwester Gisela in Korea *anrufen*.
Aber Manfred sagt, sie *soll* Gisela später von zu Hause aus *anrufen*.

Sie gehen zum Fernbahnhof am Flughafen Terminal 1.
ICE- und IC-Züge fahren auf Gleis 4 bis 7 ab.
Sie *möchten* mit dem ICE nach Hamburg *fahren*.

Manfred sieht im Fahrplan nach.
Auf Gleis 4 fährt um 17.58 Uhr ein ICE nach Hamburg ab.
Den *wollen* sie *nehmen*.

Jetzt *müssen* sie Fahrkarten *kaufen*.
Aber sie *brauchen* nicht den Standardtarif von 122 EUR[1] *zu* bezahlen.
Denn sie haben ihre BahnCard dabei.
Mit der BahnCard *kann* man günstig *fahren*:
Sie erhalten bis zu 50%[2] Ermäßigung.

1) EUR = Euro의 약자
2) % = Prozent

Im Speisewagen möchten sie Essen bestellen

Während der Fahrt gehen Renate und Manfred in den Speisewagen.

Ober: Guten Abend. Sie wünschen?
Renate: Ich *möchte* gern Spaghetti.
Manfred: Spaghetti *mag* ich nicht. Ich nehme lieber Schnitzel.
Ober: Was *möchten* Sie *trinken*?
Renate: Ich *möchte* eine Tasse Kaffee.
Manfred: Für mich ein Glas Wein, bitte.
Renate: Nein, du *darfst* nicht.
Der Arzt sagt, du *sollst* keinen Alkohol *trinken*.
Nimm doch ein Mineralwasser!
Manfred: Schon gut. Bringen Sie ein Mineralwasser!
Ober: In Ordnung. Sonst noch etwas?
Manfred: Nein, danke.

Nach dem Essen wollen sie die Rechnung bezahlen.

Renate: Herr Ober, zahlen bitte!
Ober: Zusammen oder getrennt?
Renate: Zusammen, bitte.

Morgen können wir etwas über Korea hören

Herr Neumann will zum Bahnhof fahren. Vor dem Haus trifft er seinen Freund, Herrn Lang.

Herr Neumann:	Guten Abend, Helmut. Wo gehst du hin?
Herr Lang:	Hallo, Jürgen. Ich *gehe schwimmen*. Und du?
Herr Neumann:	Ich fahre zum Bahnhof.
	Ich *muss* meine Kinder vom Hauptbahnhof *abholen*.
	Sie kommen heute aus Korea zurück.
Herr Lang:	Wirklich? Welches Datum haben wir denn heute?
Herr Neumann:	Den ersten Juni.
Herr Lang:	Ja, es ist schon ein Monat vorbei!
Herr Neumann:	Du *möchtest* sicher etwas über Korea *hören*, nicht wahr?
	Komm doch mal bei uns vorbei!
Herr Lang:	Gern. Wann *soll* ich denn *kommen*?
Herr Neumann:	Du *kannst* morgen Abend *kommen*.
Herr Lang:	Gut, das ist nett von dir, Jürgen.
	Bis morgen!

Wörter und Ausdrücke

차례수(Ordinalzahlen) ☞ 3 기본수

0.	null*t*	10.	zehn*t*	20.	zwanzig*st*	30.	dreißig*st*
1.	***erst***	11.	elf*t*	21.	einundzwanzig*st*	31.	einunddreißig*st*
2.	zwei*t*	12.	zwölf*t*	22.	zweiundzwanzig*st*	40.	vierzig*st*
3.	***dritt***	13.	dreizehn*t*	23.	dreiundzwanzig*st*	50.	fünfzig*st*
4.	vier*t*	14.	vierzehn*t*	24.	vierundzwanzig*st*	60.	sechzig*st*
5.	fünf*t*	15.	fünfzehn*t*	25.	fünfundzwanzig*st*	70.	siebzig*st*
6.	sech*st*	16.	sechzehn*t*	26.	sechsundzwanzig*st*	80.	achtzig*st*
7.	***sieb(en)t***	17.	siebzehn*t*	27.	siebenundzwanzig*st*	90.	neunzig*st*
8.	***acht***	18.	achtzehn*t*	28.	achtundzwanzig*st*	100.	hundert*st*
9.	neun*t*	19.	neunzehn*t*	29.	neunundzwanzig*st*	101.	hundert*erst*

1) 차례수는 일반적으로 특정관사와 함께 쓴다.
2) 0부터 19 사이의 기본수에 ***t***가 붙는다(zwei + ***t***). 20부터는 ***st***가 붙는다(zwanzig + ***st***).
3) 첫 번째 **erst**, 세 번째 **dritt**, 일곱 번째 **sieb(en)t**, 여덟 번째 **acht**에 유의한다.
4) 차례수가 명사 앞에서 부가어로 사용될 때 형용사 어미변화를 한다. ☞ Ⓛ 11

- Welches Datum ist heute?
  = Welches Datum haben wir heute?
- Der Wievielte ist heute?
  = Den Wievielten haben wir heute?
- Wann haben Sie Geburtstag?
- Wo kann man hier CDs kaufen?

• Heute ist der 1. (*erste*) März.
  Wir haben den 2. (*zweiten*) April.
• Heute ist der 3. 6. (*dritte Sechste*).
  Wir haben den 3. 6 (*dritten Sechsten*).
• Am 21. (*einundzwanzigsten*) September.
• Im *fünften* Stock.

die Dritt*e* Welt	제3세계
der Zweit*e* Weltkrieg	제2차 세계대전
Wilhelm II. = Wilhelm der Zweit*e*	빌헬름2세
die erst*e* Hilfe/Erst*e* Hilfe	응급처치
zu zweit	둘이서/둘씩
zum erst*en* Mal	처음으로

Grammatik

1 화법조동사(Modalverben)

▶ 화법조동사란 어떤 일에 대한 허락·가능·필연·의지·바람 등을 나타내는 보조동사이다.

	dürfen	können	müssen	sollen	wollen	möchte (← mögen)
ich	darf	kann	muss	soll	will	möchte
du	darfst	kannst	musst	sollst	willst	möchtest
Sie	dürfen	können	müssen	sollen	wollen	möchten
er/sie/es	darf	kann	muss	soll	will	möchte
wir	dürfen	können	müssen	sollen	wollen	möchten
ihr	dürft	könnt	müsst	sollt	wollt	möchtet
Sie	dürfen	können	müssen	sollen	wollen	möchten
sie	dürfen	können	müssen	sollen	wollen	möchten

▶ 화법조동사가 있는 서술문에서는 조동사가 인칭변화하여 문장의 둘째 자리에 오고, 본동사는 동사원형 형태로 문장 맨 끝에 온다 ☞ Ⓛ 6

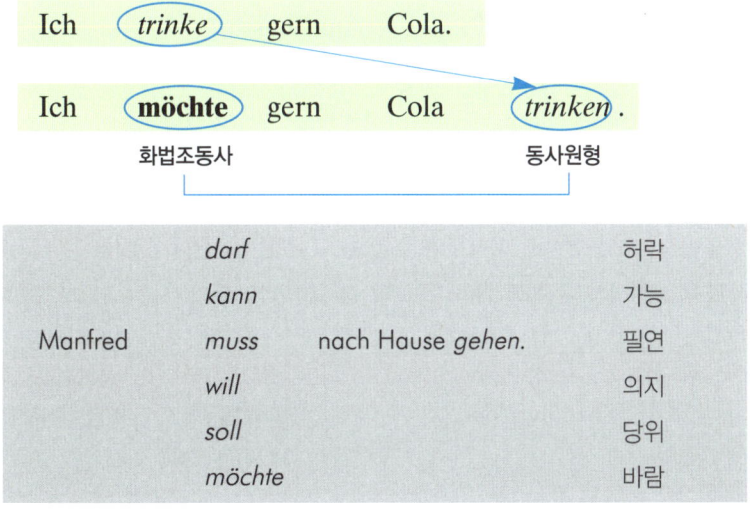

1) **dürfen**: …해도 된다
- **Darf** ich hier mal *parken*?
- Was **darf** es *sein*?
- Hier **dürfen** Sie nicht *rauchen*.
  *dürfen nicht(금지)
- Ja, das **dürfen** Sie.
- Ein Stück Kuchen bitte.

2) **können**: …할 수 있다
- **Kann** ich Ihnen *helfen*?
- Mit der Bahncard **kann** man günstig *fahren*.
- **Können** Sie Französisch?
  *본동사 없이 쓰이는 경우
- Danke. Das ist nett von Ihnen.
- Ja, aber nur ein bisschen.

3) **wollen**: …하려고 한다
- Was machst du am Wochenende?
- **Wollt** ihr ein Taxi *nehmen*?
- **Wollen** Sie nicht *mitkommen*?
- Ich **will** ins Kino.
- Ich **will** *heimfahren*.
- Nein, wir **wollen** mit dem Bus *fahren*.
- Doch. Ich komme gern mit.

4) **müssen**: …해야 한다(필연)
- Warum kommst du nicht mit?
- Wie lange **müssen** wir noch *warten*?
- Du **musst** zum Arzt.
- Ich **muss** *arbeiten*.
- Eine halbe Stunde.

5) **sollen**: …해야 한다(타자의 의지)/…라고 한다
- Was **soll** ich jetzt *machen*?
- Wohin **soll** der Tisch kommen?
- Was sagt Manfred?
- Ich fliege im Urlaub nach Spanien.
- Du **sollst** dein Zimmer *aufräumen*.
- Ans Fenster.
- Er sagt, ich **soll** Gisela später einmal *anrufen*.
- Das Wetter dort **soll** sehr schön *sein*.

> ▶ müssen이 일반적으로 필연성에 따라 "해야 함"을 표현하는 반면에, sollen은 타자의 의지 (명령, 요구, 도덕 또는 사회규준)에 따라 "…해야 함"을 나타낸다.
>
> Ich **muss** *lernen*. Morgen habe ich eine Prüfung. 나는 공부해야해. 내일 시험이 있어.
> Ich **soll** *studieren*. Meine Eltern wollen das. 나는 대학가야해. 부모님께서 그것을 원하셔.
> Ich **soll** Sie von Herrn Schmidt *grüßen*. 슈미트씨가 선생님께 안부 전하랍니다.
> Du **sollst** nicht *lügen*. 거짓말을 하지 말라. (계율)

6) möchte: …하고 싶다

möchte는 mögen의 형태에서 나온 것이지만 그 쓰임새로 볼 때 화법조동사로 굳어진 것이다.

- ○ Was **möchten** Sie?
- ● Ich **möchte** gern einen Kaffee.
- ○ Ich **möchte** Sie zum Essen *einladen*.
- ● Danke, nett von Ihnen.

▶ mögen은 취향을 나타내며 주로 본동사로 쓰인다:

ich	mag	wir	mögen
du	magst	ihr	mögt
Sie	mögen	Sie	mögen
er/sie/es	mag	sie	mögen

- ○ *Mögen* Sie Beethoven?
- ● Ja, ich *mag* ihn.
- ○ *Magst* du Spaghetti?
- ● Nein, Spaghetti *mag* ich nicht.
- ◎ Das *mag* sein. 그럴지도 몰라.(막연한 추측)

2 동사원형 + gehen: …하러 가다

- ○ Wohin gehen Sie?
- ● Ich **gehe** *einkaufen*.
- ○ **Gehen** Sie *schwimmen*?
- ● Nein, ich **gehe** Fußball *spielen*.
- ○ Wo gehst du hin, Jürgen?
- ● Ich **gehe** meine Kinder *abholen*.
- ◎ Meine Kinder sollen um 9 Uhr s*chlafen **gehen**.*

3 < brauchen … zu + 동사원형 >의 쓰임

- ○ Heute ist Samstag. Wir **brauchen** nicht *zu* arbeiten.
- ○ Soll ich morgen kommen?
- ● Nein, du **brauchst** nicht *zu* kommen.
- ○ Muss Andreas hier bleiben?
- ● Nein, er **braucht** nicht hier *zu* bleiben.
-    ← Nein, er muss nicht hier bleiben.
-    (아니, 그 애가 꼭 여기에 있을 필요는 없어.)

 본동사: ○ ***Brauchen*** Sie das Buch noch? ● Ja, das muss ich noch zu Ende lesen.

4 명사의 격변화

4.1 유형 I

		남성	중성	여성
단수	1격	der Bruder	das Kind	die Mutter
	2격	**des** Bruder**s**	**des** Kind**es**	**der** Mutter
	3격	dem Bruder	dem Kind	der Mutter
	4격	den Bruder	das Kind	die Mutter
복수	1격	die Brüder	die Kinder	die Mütter
	2격	der Brüder	der Kinder	der Mütter
	3격	**den** Brüder**n**	**den** Kinder**n**	**den** Mütter**n**
	4격	die Brüder	die Kinder	die Mütter

▶ 독일어 남성·중성 명사의 단수 2격에서는 어미에 −**s** 나 −**es** 가 붙고, 복수 3격에서는 어미에 −**n** 이 붙는다.

Sie ist die Lehrerin **meines** Bruder**s**.   Das ist die Mutter **des** Kind**es**.
Die Arbeit **der** Mutter ist nicht einfach.   Daniel hat das Buch **des** Lehrer**s**.
Das Büro **des** Chef**s** liegt oben.
Kaufen Sie mein**en** Kinder**n** keine Schokolade!

▶ 일반적으로 단음절 명사나 명사가 −**s**, −**ß**, −**x**, −**z** 또는 −**sch**, −**st**, −**tz**, −**zt** 로 끝날 때는 2격 어미에 −**es** 가 붙는다.

der Maler des Bild**es**   die Bedeutung des Wort**es**   die Tür des Haus**es**
die Beine des Tisch**es**   der Wagen des Arzt**es**   die Schwester des Kind**es**

4.2 유형 II

		유형 A		유형 B	기타 유형	
		①	②			
단수	1격	der Student	der Nachbar	der Name	der Herr	das Herz
	2격	des Studenten	des Nachbarn	des Namens	des Herrn	des Herzens
	3격	dem Studenten	dem Nachbarn	dem Namen	dem Herrn	dem Herzen
	4격	den Studenten	den Nachbarn	den Namen	den Herrn	das Herz
복수	1격	die Studenten	die Nachbarn	die Namen	die Herren	die Herzen
	2격	der Studenten	der Nachbarn	der Namen	der Herren	der Herzen
	3격	den Studenten	den Nachbarn	den Namen	den Herren	den Herzen
	4격	die Studenten	die Nachbarn	die Namen	die Herren	die Herzen

▶ 유형 A : ① der Polizist, der Präsident, der Mensch, der Bär, ...
② der Bauer; der Junge, der Kollege, der Kunde, der Franzose, der Affe, der Hase, ...

▶ 유형 B : der Gedanke, der Glaube, der Wille, ...

Der Wagen *des* Polizist*en* steht vor der Bank.
Die Mutter *des* Junge*n* liegt im Krankenhaus.
Kenne*n* Sie *den* Name*n* *des* Student*en* da drüben?
Kennst du schon *meinen* Nachbar*n*, Herr*n* Schulz?
Fragen Sie Herr*n* Schmidt!

5 2격을 취하는 전치사 (Präpositionen mit dem Genitiv) ☞ ⓛ6, ⓛ8

(an)statt,   trotz,   während,   wegen

Während *der* Fahrt möchte Renate etwas essen.
Statt *eines* Geschenk*s* lade ich dich zum Essen ein.
Trotz *des* Regen*s* gehen sie spazieren.
Wegen *der* Erkältung liegt Anne im Bett.

Übungen

① 다음 빈칸에 화법조동사 또는 *brauchen*을 알맞게 넣으시오.

1. Warum kommt Udo heute nicht?
   - Er _____ seiner Mutter helfen. (*müssen*)
2. _____ du morgen zu mir kommen? (*können*)
   - Ich kann nicht kommen. Ich _____ arbeiten. (*müssen*)
3. Andreas ist erst 15 Jahre alt, er _____ noch nicht rauchen. (*dürfen*)
4. Ich trinke einen Kaffee, _____ Sie auch einen Kaffee? (*möchten*)
5. _____ du mir helfen? (*können*)
6. Ich _____ heute nicht zur Uni zu gehen. (*brauchen*)
7. Meine Eltern sagen, ich _____ fleißig lernen. (*sollen*)
8. Ursula _____ Italienisch lernen. (*wollen*)
9. Ich habe schon eine BahnCard. Wie viel muss ich denn zahlen?
   - Dann _____ Sie nicht den Standardtarif zu bezahlen. (*brauchen*)
10. Du hast noch keinen Führerschein. Du _____ nicht Auto fahren. (*dürfen*)

② 알맞은 화법 조동사를 넣으시오.

1. _____ wir hier rauchen? - Nein, Rauchen ist hier verboten.
2. _____ ich die Digitalkamera mitnehmen?
   - Nein, die brauchen Sie nicht mitzunehmen.
3. Ich habe einen Plan, ich _____ eine Reise nach Heidelberg machen.

4. Thomas, sag, wohin _____ der Tisch kommen? - Ans Fenster.
5. Der Arzt sagt, du _____ keinen Alkohol trinken.
6. _____ du Deutsch? - Ja, aber nur ein bisschen.
7. Wie lange _____ ich noch warten?
   - Das _____ ich Ihnen nicht genau sagen.
8. Ich _____ Herrn Rupp sprechen.
   - Er ist im Moment nicht da. Rufen Sie bitte später noch einmal an!
9. _____ Sie noch etwas Suppe? - Ja, gern, die Suppe ist wirklich gut.
10. Was sagt deine Mutter denn?
    - Sie sagt, ich _____ nicht so oft ins Kino gehen.
11. Brauchen Sie das Buch noch? - Ja, das _____ ich noch lesen.

③ 다음 대화에 알맞은 화법조동사를 넣으시오.

Ute : _____ wir nur einen Kaffee trinken oder auch ein Stück Kuchen nehmen?

Olaf : Ich _____ nur einen Kaffee. Und du?

Ute : Ich trinke auch nur einen Kaffee. Ich _____ später zu Hause ein Stück Apfelkuchen essen.

Olaf : Na gut. Entschuldige, ich gehe nur kurz Zigaretten holen, du _____ ja schon bestellen. Oh, da kommt die Kellnerin. _____ man hier rauchen?

Kellnerin : Tut mir Leid. Rauchen ist hier verboten. Was _____ es sein?

Ute : Zwei Kaffee bitte.

④ 알맞은 관사의 어미 또는 명사의 어미를 넣으시오(단, 6번을 제외한 명사는 단수임).

1. Er möchte in der Nähe d___ Bahnhof___ wohnen.
2. Frau Weber will mein____ Sohn Matheunterricht geben.
3. Darf ich Ihnen ein Foto mein____ Bruder___ zeigen?
4. Die Eltern d____ Student___ wohnen nicht hier.
5. Die Hauptstadt d____ Bundesrepublik Deutschland ist Berlin.
6. Kaufen Sie mein___ Kinder___ keine Schokolade!
7. Der Wagen mein___ Kollege___ ist kaputt.
8. Ende d____ Monat___ kommt meine Schwester zurück.
9. Hast du die Handynummer d____ Kunde___? Ich muss ihn anrufen.
10. Klaus möchte d____ Junge___ helfen.
11. Kennen Sie d____ Name___ d_____ Herr___ da?

⑤ 낱말들을 이용하여 보기와 같이 만드시오.

| 보기: der Titel - das Buch → der Titel *des* Buches |

1. die Tür   - das Haus   → _____
2. der Schlüssel - der Wagen   → _____
3. der Name   - der Präsident → _____
4. die Handynummer - der Student   → _____
5. der Hut   - die Dame   → _____
6. die Eltern   - die Kinder   → _____

⑥ 다음을 독일어로 옮기시오.

1. 나는 장보러 갑니다.
2. 우도(Udo)는 자기 어머니를 도와드려야 한다.

3. 헬무트(Helmut), 자네 어디 가려고 하나?
4. 감기 때문에 난 병원에 가야해.
5. 독일연방 공화국의 수도는 베를린이다.
6. 여기 주차해도 됩니까?
7. 의사 선생님이 너 담배 피우면 안된대.
8. 난 커피 한잔 마시고 싶어.
9. 독일어 할 줄 알아요?
10. 너 생일 언제니? – 5월 31일이야.

Aussprache

모음

[ə]　Tasse　bitte　heute　danke　kommen　landet　gerade
[œ]　können　möchte　　　　　[ø:]　schön　hören　nötig
[ʏ]　dürfen　Jürgen　günstig　　[y:]　über　Mythos　Typ
[i]　Handy　Party

자음

ch　[x]　suchen　brauchen　　　　[ç]　möchte　bisschen　sicher　Rechnung
　　[ʃ]　charmant　Chef　Chance　[k]　Chaos　Charakter　sechs
ng　[ŋ]　Prüfung　Übung
nk　[ŋk]　danke　Frankreich　links　tanken
ff　[f]　hoffen　offen
pf　[pf]　Apfel　Kopf

ts/tz/c　[ts]　Schnitzel　Geburtstag　CD

sp-　[ʃp]　spät　Speisewagen　Spaghetti
st-　[ʃt]　Stunde　Stadt　Standardtarif
-st　[st]　darfst　Durst　Fenster　sonst

외래어 발음(Aussprache von Fremdwörtern)

[d]/[t]　BahnCard　　[ø:ɐ]　Terminal　　[h]　Alkohol

강세

첫 음절:　biss|chen　　Schnit|zel　　schwim|men
　　　　Da|tum　　　Rech|nung　　O|ber　　　Ju|ni
　　　　Haupt|bahn|hof　　　　Spei|se|wa|gen
둘째 음절:　Spa|ghet|ti　　Ko|re|a　　ge|trennt　　Er|mä|ßi|gung
　　　　zu|sam|men　　zu|rück　　Ge|burts|tag
셋째 음절:　Mi|ne|ral|was|ser

* 약자의 경우 끝에 강세가 온다:
　　ABC　ADAC　BMW　CD　SPD　USA

Gut zu wissen

Sie **gehen** **in den Speisewagen**.	Ich gehe schwimmen.
in die Buchhandlung.	tanzen.
ins Kino.	essen.

Wo gehst/fährst du hin? — Zum Bahnhof.
Wohin gehst/fährst du? — Zur Schule.
— Nach Hamburg.
— In die Stadt.

Was möchten Sie? — Ich möchte gern **eine Tasse Kaffee**.
Sie wünschen bitte? — ein Glas Wasser.
Was darf es sein? — einen Hamburger.
— eine Pizza.
— ein Bier.

Was möchten Sie trinken? — Für mich **ein Mineralwasser**.
Zum Trinken bitte? — Ein Glas Wein, bitte.

Mögen Sie Schnitzel? — Ja, sehr!
— Nein, aber ich mag Bratkartoffeln.

Nimm doch mal Schnitzel! — Gute Idee! Das nehme ich.
Probier doch mal eine Bratwurst! — Ja, O.K. Aber mit viel Senf bitte.

Sonst noch etwas? — Nein. Danke./Ja, ich brauche noch ...
Noch etwas? — Geben Sie mir noch einen Salat!
Kommt noch etwas dazu?
Darf ich hier **rauchen**? — Du darfst keinen Alkohol trinken.
parken? — keinen Kaffee

— Du darfst nicht ausgehen.

Welches Datum haben wir heute? — Den ersten August.
Den Wievielten haben wir heute?
Der Wievielte ist heute? — Heute ist der achte Mai.

Am **fünften** März habe ich Geburtstag. — Morgen ist der **sechste** April.
Der **sieb(en)te** Mai ist ein Donnerstag.

Bis morgen! Bis später! Bis bald! — Nicht wahr?

독일 철도 (Deutsche Bahn)

독일 연방철도 Deutsche Bundesbahn(DB)는 가장 빠른 ICE(Intercity Express), 특급열차인 IC(InterCity)와 EC(EuroCity)가 운행중이다. 그밖에 D-Zug, E-Zug(Eilzug) 등이 운행되며 대도시와 그 외곽을 연결하는 전철 개념의 S-Bahn이 있다.

ICE(InterCityExpress 인터시티 엑스프레스)

1991년부터 운행되는 초고속열차로서 정차 횟수가 아주 적으며 정거장 사이의 길이가 매우 길다. 주요 거점은 Berlin, Hamburg, Hannover, Köln, Frankfurt, Kassel, Stuttgart, München, Nürnberg 등의 대도시이다. 운행시간은 대략 1시간 간격이며 심야에는 운행하지 않는다. 승차감이나 안정성 그리고 쾌적함과 좌석 공간 등은 매우 우수하다.

IC(InterCity 인터시티)

IC는 1971년부터 운행을 시작하였는데 운행 시스템은 ICE와 거의 비슷하며 운행하는 주 거점 도시들이 ICE보다 훨씬 많다는 점만이 뚜렷한 차이점이다. 보통 1시간마다 한 편씩 운행한다. 열차의 창문부분이 빨강색이다.

EC(EuroCity 오이로시티)

EC는 IC와 동일 기종에 똑같은 성능의 열차이지만 독일뿐만 아니라 유럽 각국을 연결하고 있어서 다른 나라의 EC도 독일의 주요 역에 도착한다. 그래서 열차의 외형, 즉 독일열차와 구별되는 마크, 모양 또는 색깔 등으로 쉽게 파악을 할 수 있다. 플랫폼에 명기된 표시로 IC와 구분된다.

IR(InterRegio 인터레기오)

IR는 독일지역 곳곳을 연결하는 운행하는 열차이다. 주로 ICE와 IC가 대도시를 기점으로 운행을 하는 반면에 IR는 비교적 작은 도시들에까지 운행을 하여 그 연결정도가 매우 세밀하다. 게다가 IR는 운행시스템과 청결성 역시 고급열차 수준이다. 그러나 이용비용은 비교적 저렴한 편이다.

D-Zug

급행열차로서 현재는 ICE나 IC, IR에 비하여 운행 횟수는 많지 않다. 속도는 IC나 IR에 비해 크게 뒤지는 편은 아니며 주로 심야운행을 한다.

보통열차들(Nahrverkehrszüge)

RB(RegionalBahn), RE(RegionalExpress), SE(StadtExpress), S-Bahn(StadtBahn)을 이렇게 부른다. 이 열차들은 독일의 거의 모든 지역을 구석구석까지 연결해준다. 보통열차들은 짧은 구간만을 연결한다.

Lektion 8 Gisela beeilt sich nicht

Gisela steht heute spät auf.
Sie *beeilt sich* nicht, denn heute ist Sonntag.
Sie geht ins Bad. Sie *putzt sich* die Zähne und duscht.
Dann *kämmt* sie *sich* die Haare und *zieht sich an*.
Nach dem Frühstück will Gisela eine E-Mail an ihre Eltern schicken.
Sie will ihrer Familie *von* ihrem Studentenleben in Korea *erzählen*.

Gisela muss während ihres Aufenthalts möglichst viel über Korea lernen.
Sie *erinnert sich an* das Sprichwort: „Probieren geht über Studieren".
Sie *interessiert sich für* die Kunst und Kultur von Korea.
Besonders *von* Maskentänzen und Samulnori *ist* sie *begeistert*.
Sie besucht auch oft mit ihren Freunden Museen, Galerien, Theater und Konzerte.

Heute Abend hat Gisela in der Stadtmitte eine Verabredung mit Nami.
Sie gehen zusammen ins Kino und *sehen sich* einen Liebesfilm *an*.
Nach der Vorstellung gehen sie ins Café
und *unterhalten sich über* den Film.
Es ist schon spät am Abend. Gisela *verabschiedet sich von* Nami.
Sie geht in die U-Bahnstation und Nami *wartet auf* ihren Bus.

Setzen wir uns ans Fenster!

Nach dem Film gehen Gisela und Nami in ein Café. Das Café ist ziemlich voll. Gerade stehen die Gäste am Fenster auf.

Nami: Wir haben Glück, Gisela.
 Da am Fenster *wird* gerade ein Platz frei.
 Setzen wir *uns* dahin!
Gisela: Schön. Von dort aus können wir nach draußen sehen.

Sie setzen sich ans Fenster. Nami bestellt sich eine Cola, Gisela einen Orangensaft.

Gisela: Ich *halte* den Film *für* ausgezeichnet.
Nami: Ja, ich finde ihn auch gut.
Gisela: Sag mal, wie oft gehst du denn ins Kino?
Nami: Zwei- oder dreimal im Monat. Und du?
Gisela: Hier gehe ich nicht so oft.
 Du *weißt* doch, ich verstehe nicht gut Koreanisch.
 Aber Filme interessieren mich sehr.
Nami: Wollen wir nächste Woche wieder ins Kino gehen?
Gisela: Gern. Ich *freue mich* schon *darauf*.

Wofür interessiert ihr euch?

In der Mittagspause unterhält sich Gisela mit Nami und Minho über ihren Traumberuf.

Gisela: Ich möchte Kuratorin eines Museums *werden*.
Ich habe großes Interesse an der Kunst und Kultur Koreas.
Ich will später ein Buch über Korea schreiben.
Wofür interessiert ihr *euch*?

Nami: Ich *interessiere mich für* den Dolmetscherberuf.
Dieser Beruf ist ziemlich anstrengend, glaube ich.
Aber ich habe gern Kontakt mit Menschen, besonders mit Ausländern. Das finde ich toll.

Minho: Ich will bei einer deutschen Firma arbeiten.
Gisela, du musst uns auch Deutsch beibringen.

Gisela: Kein Problem. Das mache ich gern.
Entschuldigung! Ich muss los.
Ich habe jetzt eine Vorlesung.

Nami: Mach's gut!

Gisela: Tschüs!

Grammatik

1 동사 werden, wissen의 현재 인칭변화 ☞ L 2, L 3, L 4

1.1 werden

ich	werde	wir	werden
du	wirst	ihr	werdet
Sie	werden	Sie	werden
er/sie/es	wird	sie	werden

○ Schau mal, Gisela! Da am Fenster *wird* gerade ein Platz frei. • Wir haben Glück!
○ Was willst du *werden*, Gisela? • Ich will Kuratorin *werden*.
◎ Es ist spät. In wenigen Minuten *wird* es zehn Uhr.

1.2 wissen

ich	weiß	wir	wissen
du	weißt	ihr	wisst
Sie	wissen	Sie	wissen
er/sie/es	weiß	sie	wissen

○ Wann fährst du nach Deutschland, Gisela? • Ich *weiß* es noch nicht.
○ Nami ist krank. *Weißt* du das? • Ja, das *weiß* ich schon.
○ Gisela soll bald nach Deutschland zurückgehen. • Woher *weißt* du das?

2 재귀동사 (reflexive Verben)

2.1 타동사와 재귀동사

• 타동사: 주어의 행위가 다른 대상(목적어)에 영향을 준다.

- 재귀동사: 주어의 행위가 주어 자신에게 영향을 준다.
  재귀동사는 목적어 자리에 주어와 일치하는 재귀대명사를 동반한다.

〈타동사〉 　　　　　　　　　　　　　　　〈재귀동사〉

Der Vater　*kämmt*　die Tochter.　　　Der Vater　*kämmt*　sich.
Die Mutter　*wäscht*　sie.　　　　　　Die Mutter　*wäscht*　sich.
　　　　≠　　　　　　　　　　　　　　　　　　=
　　서로 다른 사람　　　　　　　　　　　　　서로 같은 사람

2.2 재귀대명사(Reflexivpronomen)

- 1인칭과 2인칭 du, ihr의 재귀대명사는 인칭대명사의 형태와 같다.
- 존칭 Sie와 3인칭의 재귀대명사는 sich를 사용한다 ☞ Ⓛ 2

		1인칭	2인칭		3인칭
		ich/wir	친칭 du/ihr	존칭 Sie	er, sie, es / sie
단수	3격	mir	dir	*sich*	*sich*
	4격	mich	dich	*sich*	*sich*
복수	3격	uns	euch	*sich*	*sich*
	4격	uns	euch	*sich*	*sich*

〈타동사〉　　　　　　　　　　　　　　　〈재귀동사〉

Nami *kauft* Gisela ein Buch.　　　　Nami *kauft* **sich** ein Buch.
Setzen Sie das Kind auf den Stuhl!　*Setzen* Sie **sich**!
Das Geschenk *freut* ihn.　　　　　　Er *freut* **sich** über das Geschenk.
Mich *interessiert* Musik.　　　　　　Ich *interessiere* **mich** für Musik.
Der Lehrer *erinnert* uns an die Grammatik.　Könnt ihr **euch** an die Grammatik *erinnern*?

Gisela *informiert* uns über ihr Studentenleben in Korea.　Gisela informiert sich über die Preise.
(기젤라는 가격을 알아본다.)

Gisela beeilt sich nicht　143

- 재귀동사 문장에서 재귀대명사 외에 4격 목적어가 있으면 그 재귀대명사는 3격이다.

<3격 재귀대명사 + 4격 목적어>	<4격 재귀대명사>
Ich *rasiere* **mir** den Bart.	Ich *rasiere* **mich**.
Zieh **dir** den Mantel *an*!	Zieh **dich** *an*!
Christina *wäscht* **sich** die Hände.	Christina *wäscht* **sich**.
Die Mutter *kämmt* **sich** die Haare.	Die Mutter *kämmt* **sich**.
Gisela *putzt* **sich** die Zähne.	

2.3 항상 재귀동사로만 사용하는 경우

Die Vorlesung beginnt schon. Ich muss *mich beeilen*.
Ich möchte *mich* ganz herzlich für Ihre Hilfe *bedanken*.
Erholen Sie *sich* gut im Urlaub!
Der Zug *verspätet sich* zehn Minuten.
Zieh dich warm an, sonst *erkältest* du *dich*.

3 특정 전치사구 목적어를 취하는 동사

3.1 〈동사 + 전치사〉

Gisela **wartet auf** ihren Bus.
Ich **danke** Ihnen **für** die Einladung.
Manfred **denkt an** seine Schwester Gisela in Korea.
Sie will ihrer Familie **von** ihrem Studentenleben in Korea **erzählen**.
Gisela **hält** den Film **für** ausgezeichnet.

3.2 〈재귀동사 + 전치사〉

Freust du **dich auf** die Reise?
Nami **interessiert sich für** den Dolmetscherberuf.

Gisela **_verabschiedet sich von_** ihrer Freundin Nami.
Manfred **_erinnert sich_** noch **_an_** seine Reise nach Spanien.

4 전치사 + 대명사

4.1 대명사가 사람을 가리킬 때

[전치사 + 명사] ⇔ [전치사 + 대명사]

- **Mit wem** fährst du?
  Fährst du *mit deinem Freund*?
- Ich fahre *mit meinem Freund*.
  Ja, ich fahre **mit ihm**.

- Wartest du *auf deine Freundin*?
  Auf wen wartest du, Gisela?
- Ja, ich warte **auf sie**.
  Ich warte *auf meinen Kollegen*.

4.2 대명사가 사물을 가리킬 때

[전치사 + 대명사] ⇔ [da(r*)+전치사], [wo(r*)+전치사]

* 전치사가 모음으로 시작할 때 발음편의를 위해 *r*을 넣는다.

- Fährst du mit der U-Bahn?
- Ja, ich fahre **da**mit.

- Ich fahre mit der U-Bahn. **Wo**mit fährst du?
- Ich fahre *mit dem Bus*.

- Bitte vergessen Sie nicht die Verabredung!
- Keine Sorge. Ich denke schon **dar**an.

- Worauf wartest du?
- Auf den Bus.

Worauf wartest du noch!
(빨리 안하고 뭐하니!)

5 지시관사(Demonstrativartikel) **dies-**

- *dies-*는 특정관사 어미변화(☞ ⓛ 3)를 한다.

	단수			복수
	남성	중성	여성	
1격	dies**er**	dies**es***	dies**e**	dies**e**
2격	dies**es**	dies**es**	dies**er**	dies**er**
3격	dies**em**	dies**em**	dies**er**	dies**en**
4격	dies**en**	dies**es***	dies**e**	dies**e**

* 중성 단수 1격과 4격의 특정관사(das) 어미는 *-es*이다.

Dieser Beruf ist ziemlich anstrengend.
Kennst du **dies**en Mann? Der ist sehr sympathisch.
Diese Wohnung gefällt mir. Die will ich mieten.
Dieses Kleid steht dir gut.
Wir brauchen **dies**e Leute. Sie sind sehr tüchtig.
Bei **dies**em Wetter kann man sich leicht erkälten.

Übungen

① ( ) 안의 동사를 현재 인칭변화시키시오.

1. Christian _____(werden) bald Vater.
2. Daniel fehlt heute in der Schule. _____(wissen) ihr warum?
   - Nein, wir _____(wissen) auch nicht.
3. Was _____(wollen) du _____(werden)?
   - Ich _____(wollen) Programmierer _____(werden).
4. Martin _____(wollen) in den USA studieren. _____(wissen) du das?
   - Nein, woher _____(sollen) ich das _____(wissen)?

② 알맞은 재귀대명사를 넣으시오.

1. Setzen Sie _____ bitte!
2. Ich wasche _____ die Hände.
3. Ich kaufe _____ ein Taschenbuch.
4. Der Vater zieht _____ den Mantel an.
5. Wann treffen wir _____ wieder?
6. Gisela bestellt _____ eine Tasse Kaffee.
7. Beeilt _____! Sonst erreicht ihr den Zug nicht.
8. Entschuldigst du _____ nicht bei ihm?

9. Ich möchte _____ herzlich für Ihre Hilfe bedanken.
10. Legen Sie _____ doch den Mantel ab!

③ 알맞은 전치사를 넣으시오.

1. Manfred denkt _____ seine Schwester Gisela in Korea.
2. Der Professor hält seinen Studenten _____ tüchtig.
3. Die Mutter lädt die Nachbarin _____ Kaffee ein.
4. Die Reisegruppe wartet _____ den Zug.
5. Die Studentin erzählt ihrer Familie _____ ihrem Studentenleben.
6. Nami hat gern Kontakt _____ Ausländern.
7. Die Touristen haben großes Interesse _____ der Kultur von Korea.
8. Interessierst du dich _____ Musik?
9. Nami und Gisela unterhalten sich _____ den Film.
10. Gisela verabschiedet sich _____ Nami.
11. Gisela erinnert sich _____ das Sprichwort.
12. Freust du dich schon _____ die Reise?

④ 알맞은 어미를 넣으시오.

1. Die Gäste danken dem Gastgeber für sein____ Einladung.
2. Seit ein____ Woche tut mir der Rücken weh.
3. Die Studentin unterhält sich mit d____ Freunden über d____ Ferien.
4. Herr Fischer hat eine Erkältung. Er muss zu____ Arzt.
5. Nach d____ Film gehen Gisela und Nami ins Café.
6. Der Arbeiter verabschiedet sich von sein____ Kollegen.
7. Wir freuen uns auf d____ Reise.
8. Erinnerst du dich an mein____ Eltern?
9. Gisela ist von d____ Film begeistert.
10. Erzählen Sie mir bitte kurz von Ihr____ Erfahrungen in Europa!

5 〈전치사 + 대명사〉의 알맞은 형태를 넣으시오.

1. _____ interessieren Sie sich?
   - Ich interessiere mich für Kunst.
   Interessierst du dich auch für Kunst?
   - Ja, ich interessiere mich auch _____.
2. _____ fährt Renate nach Hamburg?
   - Sie fährt mit ihrem Bruder.
   _____ fahren sie nach Hamburg?
   - Sie fahren mit dem ICE.
3. _____ wartet ihr jetzt?
   - Wir warten auf unsere Freundin Gisela.
   Wartest du auch auf Gisela?
   - Nein, ich warte nicht _____.
4. _____ denkst du?
   - Ich denke an meinen Urlaub.
5. _____ freut er sich?
   - Er freut sich über das Geschenk.
6. _____ unterhalten sie sich?
   - Sie unterhalten sich über den Film.
7. _____ verabschiedet sich Gisela?
   - Sie verabschiedet sich von Nami.
8. Denkst du an deinen Urlaub in Spanien?
   - Nein, ich denke jetzt nicht _____.

6 *dies-*의 알맞은 어미를 넣으시오..

1. Dies____ Ingenieur kommt aus Japan.
2. Möchten Sie dies____ Bild kaufen?
3. Der Bruder dies____ Studentin sucht sich eine Stelle.
4. Wir sollen dies____ Kindern helfen.

5. Wer fährt dies____ Wagen?

7 다음을 독일어로 옮기시오.

1. Gisela는 머리를 감고 이를 닦는다.
2. 어머니가 아이의 손을 씻어준다.
3. Theo는 미국에 계시는 부모님을 생각한다.
4. 너 정치에 관심 있니? – 아니, 나는 관심 없어.
5. 그 여대생은 금요일 저녁 친구와 약속이 있다.
6. (너) 이다음에 뭐 될 거니? – 큐레이터가 될 거야.
7. 이 의자에 앉으세요!
8. 누구 기다리고 있니? – (내) 동료 기다려.
9. 너희들은 무슨 이야기하고 있니? – 파티에 관해 이야기하고 있어.
10. Müller씨는 오늘 면도할 필요가 없다.
11. 너 언제 독일 가니? – 아직 잘 몰라.

Aussprache

모음

[a]   Stadt danke dann   [aː] aber Bad habe sag
[ɛ]   kämmt Gäste unterhält   [ɛː] fährst während Zähne
                                            nächst verspätet

[ɔ] / [oː] - [œ] / [ø]   doch - möchte   schon - schön   Monat - möglichst
[ʊ] / [uː] - [ʏ] / [yː] Kunst - Glück   Kultur - wofür

[ʊ] Ulm um und
[uː] Uhr Kuh

[aɪ] beeilen beibringen begeistern

[aʊ] aufstehen Pause Traum

[ɔʏ] euch freue heute

자음

자음+l [l]   fleißig Platz
자음+r [r]   frei Freund Problem Prüfung

s [s] Bus los Kunst   [z] Sonntag Pause sich
g [g] Geld originell Vogel
g [ʒ] Garage Ingenieur Orangensaft

단수와 복수

[a]/[aː] - [ɛ]/[ɛː]   Gast - Gäste Tanz - Tänze Zahn - Zähne
[eːʊ] - [eːə]   Museum - Museen
[t] - [d]   Freund - Freunde Kind - Kinder

강세

첫 음절: während   möglichst   Sprichwort
           Aufenthalt   ausgezeichnet
둘째 음절: verspätet Kultur beeilen begeistern Problem
           Garage   Museum
세째 음절: unterhält
네째 음절: interessiert   originell

Gut zu wissen

Wofür interessierst du **dich**?	- Ich **interessiere mich für**	Musik.	
		Politik.	
		Sport.	

○ Was willst du werden?
● Ich **will**   Lehrer   **werden.**   Ich **habe** einen Unterricht. / eine Vorlesung.
            Kuratorin   eine Verabredung / einen Termin.
            Programmierer   Glück / Pech.

Gisela   *putzt (sich)* die Zähne.   Das finde ich   *cool.*
           kämmt sich (die Haare).   *klasse.*
           zieht sich (die Jacke) *an.*   *prima.*
                                                                          super.
                                                                               toll.

Gisela   *denkt an* ihre Familie in Deutschland.
           hält den Film *für* ausgezeichnet.
           wartet auf ihren Bus.
           verabschiedet sich von ihrer Freundin Nami.
           ist von Maskentänzen *begeistert.*

Gisela und Nami   *freuen sich über* ihre Reise.
                            unterhalten sich über den Film.

Da ist noch ein Platz frei. Setzen wir uns dahin!
Der Platz ist schon besetzt.
Wie oft gehst du ins Kino? - Etwa dreimal im Monat.
Probieren geht über Studieren.
eine E-Mail bekommen / schreiben / (ver)senden / (ver)schicken.
mit jm. Kontakt haben / den Kontakt mit jm. verlieren
Kein Problem!
Ich muss los.
Mach's gut! / Tschüs! / Ciao!
Worauf wartest du noch!

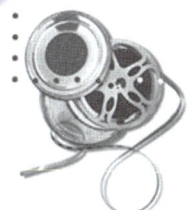

독일 영화 (Deutsche Filme)

Die Blechtrommel (1978)
Regie:
Volker Schlöndorff

Bandits (1997)
Regie:
Katja von Garnier

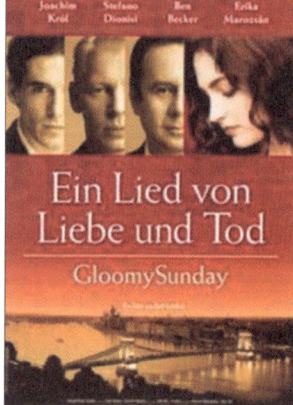

Ein Lied von Liebe und Tod - Gloomy Sunday (1999)
Regie:
Rolf Schübel

Good Bye Lenin! (2003)
Regie:
Wolfgang Becker

Das Leben der Anderen (2006)
Regie: Florian Henckel von Donnersmarck

Das weiße Band - Eine deutsche Kindergeschichte (2009)
Regie: Michael Haneke

Lektion 9: Eine E-Mail

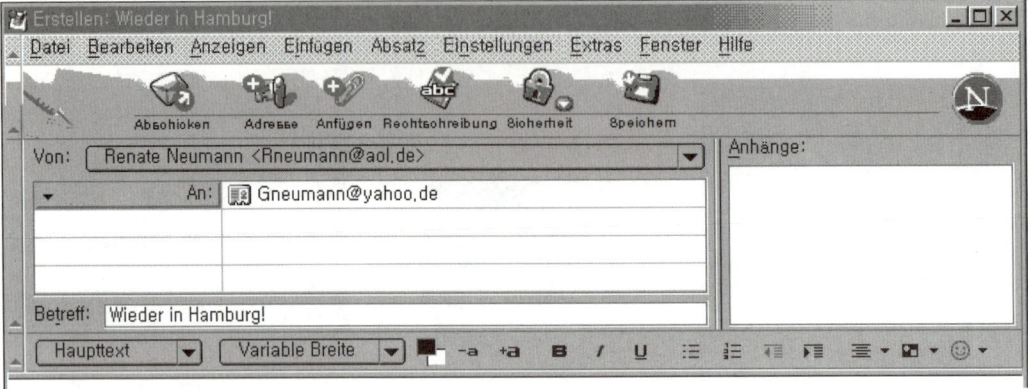

Liebe Gisela,

wie geht's* dir? Wegen der Zeitverschiebung *hatte* ich einige Schwierigkeiten. Ich *musste* mich erst wieder umstellen und das *hat* ein paar Tage *gedauert*. Du weißt doch, ich *hatte* es am Anfang schwer in Korea. Jetzt habe ich keine Probleme mehr.

Nach der Ankunft am Frankfurter Flughafen *bin* ich mit Manfred weiter nach Hamburg *gefahren*. Vati *hat* uns am Bahnhof *abgeholt*. Zu Hause *haben* Manfred und ich die Fotos *gezeigt* und vieles von dir und Korea *erzählt*.

Alle *waren* sehr neugierig. Daniel *hat* besonders viel *gefragt*. Er *hat gesagt*, er will auch mal nach Korea fliegen. An dem Abend *haben* wir uns wunderbar *unterhalten*.

Es *war* wirklich schön in Korea. Vor allem die Königspaläste in Seoul *haben* mir gut *gefallen*. Das Essen *hat* uns auch gut *geschmeckt*.

Und was machst du zurzeit? Ist das Wetter bei euch immer noch so schön? Ich vermisse dich schon wieder. Schreib bald!

Alles Liebe!
Deine Renate

* geht's = geht es

Wie war's in Korea?

Manfred trifft Silvia in der Cafeteria. Er erzählt ihr von seiner Reise nach Korea.

Silvia: Hallo, Manfred! Ich *hab'* dich ja wochenlang nicht *gesehen*.
Wo *warst* du denn?
Manfred: Hallo, Silvia! Ich *war* in Korea. Bei Gisela.
Silvia: Du *warst* in Korea? Das ist ja toll! Und wie *war*'s?
Manfred: Wunderbar!
Silvia: *Bist* du alleine *geflogen*?
Manfred: Nein, mit meiner Schwester Renate.
Ihr *hat* es dort auch gut *gefallen*.
Silvia: Und was *habt* ihr *gemacht*? Erzähl doch mal!
Manfred: Wir *haben* viele Paläste und Museen *besucht*.
Wir *sind* auch viel *spazieren gegangen* und *haben* oft einen Stadtbummel *gemacht*. In Seoul gibt es viele Märkte.
Wir *haben* auch eine Menge Andenken *gekauft*.
Silvia: *Hattet* ihr beim Einkaufen keine Schwierigkeiten?
Manfred: Nein. Gisela kann schon ganz gut Koreanisch.
Sie *hat* uns viel *geholfen*.
Silvia: Ich glaube, ihr *habt* in Korea wirklich eine schöne Zeit *gehabt*.
Ich möchte auch mal nach Korea fliegen!

 ## Haben Sie schon davon gehört?

Frau Schönberg:	Herr Krüger, *haben* Sie schon davon *gehört*?
Herr Krüger:	Wovon denn?
Frau Schönberg:	Heute Vormittag *haben* zwei Männer die Bank *überfallen*.
Herr Krüger:	Tatsächlich?
Frau Schönberg:	Sie *wollten* in Mallorca Urlaub machen, *hatten* aber kein Geld.
Herr Krüger:	Deshalb *haben* sie die Bank *überfallen*? Wahnsinn!
Frau Schönberg:	Sie *haben* die Kunden als Geiseln *genommen* und einfach Geld *verlangt*.
Herr Krüger:	*Hat* man denn nicht sofort die Polizei *alarmiert*?
Frau Schönberg:	Doch. Sie *ist*, Gott sei Dank, auch gleich *gekommen* und *hat* die Bank *umstellt*. Und sie *konnte* die Täter festnehmen und ...
Herr Krüger:	Entschuldigen Sie, Frau Schönberg, aber ich muss Sie unterbrechen. Ich muss nach Hause. Ich habe *es* eilig.
Frau Schönberg:	Ach, so!
Herr Krüger:	Heute gibt es das Fußballspiel Bayern München gegen Real Madrid. Das Fernsehen überträgt es um halb sechs. Bis morgen, Frau Schönberg!
Frau Schönberg:	Daran *habe* ich gar nicht *gedacht*. Viel Spaß!

Grammatik

1 현재완료(Perfekt)

> *haben/sein* 의 현재인칭변화형 + ... + 분사 II (Partizip II)

- 현재완료형은 일반적으로 과거(시점)의 사실을 말할 때 사용된다. (과거형은 주로 글말에서 사용된다)
- 현재완료형은 haben/sein동사와 본동사의 분사II로 만들어진다.
- 현재완료형에서 분사II는 문장의 맨 끝에 놓인다.
- 자동사 중에서 장소의 이동(kommen, gehen, fahren 등) 또는 상태의 변화를 나타내는 동사(werden, einschlafen, passieren, sterben 등) 및 sein, bleiben 동사는 완료형에서 sein동사와 결합하고, 나머지 동사는 haben과 결합한다.

	<현재>	<현재완료>
약변화 동사	Er *kauft* eine Blume. ➡	Er *hat* eine Blume *gekauft*.
강변화 동사	Eva *fährt* in die Stadt. ➡	Eva *ist* in die Stadt *gefahren*.
혼합변화 동사	Das *weiß* ich nicht. ➡	Das *habe* ich nicht *gewusst*.

1.1 약변화 동사

I		
동사원형	과거형	분사 II
kaufen	(kauf*te*)	**ge**-kauf-*t*
lernen	(lern*te*)	**ge**-lern-*t*
machen	(mach*te*)	**ge**-mach-*t*
sagen	(sag*te*)	**ge**-sag-*t*
arbeiten	(arbei*tete*)	**ge**-arbei*t*-*et*
warten	(wart*ete*)	**ge**-war*t*-*et*
reden	(red*ete*)	**ge**-red-*et*
rechnen	(rech*nete*)	**ge**-re*chn*-*et*
regnen	(reg*nete*)	**ge**-re*gn*-*et*

- 약변화 동사의 분사II는 동사의 어간 앞에 접두어 *ge-*를, 어간 뒤에 접미어 *-t*를 붙여서 만든다.

- 어간이 *d*, *t* 또는 r, l을 제외한 자음 +m/n으로 끝나는 동사의 분사II에는 *-et*가 붙는다.

II		
동사원형	과거형	분사 II
abholen	(holte...ab)	ab-**ge**-hol-t
aufmachen	(machte...auf)	auf-**ge**-mach-t
ausfüllen	(füllte...aus)	aus-**ge**-füll-t
einkaufen	(kaufte...ein)	ein-**ge**-kauf-t
zumachen	(machte...zu)	zu-**ge**-mach-t

· 분리동사의 분사 II 에서는 *ge*-가 분리 접두어와 동사 어간 사이에 온다.

III		
동사원형	과거형	분사 II
besuchen	(besuchte)	besuch-t
[suchen	suchte	**ge**such-t]
gehören	(gehörte)	gehör-t
erklären	(erklärte)	erklär-t
erzählen	(erzählte)	erzähl-t
verkaufen	(verkaufte)	verkauf-t
alarmieren	(alarmierte)	alarmier-t
interessieren	(interessierte)	interessier-t
studieren	(studierte)	studier-t

· 비분리 동사(*be-, er-, ge-, ver-* 등)나 *-ieren*으로 끝나는 동사처럼 첫음절에 강세가 오지 않는 동사의 분사 II 에는 *ge*-가 붙지 않는다. (Ⓛ 4)

<*haben* 과 결합하는 경우>

Daniel **hat** besonders viel **ge**frag**t**.
Hat es nicht **ge**regne**t**?
Der Vater **hat** seine Kinder am Bahnhof ab**ge**hol**t**.
Silvia **hat** gestern ihre Freundin **besuch**t.
Wir **haben** an der Universität München **studier**t.

<*sein* 과 결합하는 경우>

Wir **sind** durch die Stadt **ge**bummel**t**. (우리는 시내를 구경했다/돌아다녔다.)
Das Kind **ist** auf**ge**wach**t**. (아이가 깼다.)
Was **ist** hier **passier**t? (무슨 일이 일어났지? / 무슨 일이야?)

1.2 강변화 동사

1.2.1 *haben* 과 결합하는 강변화 동사

동사원형	(과거형)	현재완료형 (3인칭 단수)	동사원형	(과거형)	현재완료형 (3인칭 단수)
bitten	(bat)	hat gebeten	halten	(hielt)	hat gehalten
geben	(gab)	hat gegeben	heißen	(hieß)	hat geheißen
finden	(fand)	hat gefunden	schlafen	(schlief)	hat geschlafen
helfen	(half)	hat geholfen	(einschlafen		*ist* ein**ge**schlafen)
lesen	(las)	hat gelesen	stoßen	(stieß)	hat gestoßen
liegen	(lag)	hat gelegen			
nehmen	(nahm)	hat genommen	laden	(lud)	hat geladen
sehen	(sah)	hat gesehen	waschen	(wusch)	hat gewaschen
sprechen	(sprach)	hat gesprochen			
stehlen	(stahl)	hat gestohlen	anfangen	(fing...an)	hat an**ge**fangen
trinken	(trank)	hat getrunken	anrufen	(rief...an)	hat an**ge**rufen
stehen	(stand)	hat gestanden	einladen	(lud...ein)	hat ein**ge**laden
(aufstehen		*ist* auf**ge**standen)	fernsehen	(sah...fern)	hat fern**ge**sehen
treffen	(traf)	hat getroffen			
werfen	(warf)	hat geworfen	beginnen	(begann)	hat begonnen
			befehlen	(befahl)	hat befohlen
ziehen	(zog)	hat gezogen	entscheiden	(entschied)	hat entschieden
			entschließen	(entschloss)	hat entschlossen
essen	(aß)	hat gegessen	versprechen	(versprach)	hat versprochen
sitzen	(saß)	hat gesessen			
			bekommen	(bekam)	hat bekommen
leiden	(litt)	hat gelitten	unterhalten	(unterhielt)	hat unterhalten
leihen	(lieh)	hat geliehen	gefallen	(gefiel)	hat gefallen
schreiben	(schrieb)	hat geschrieben	überfallen	(überfiel)	hat überfallen

Die Paläste in Seoul **haben** uns gut **gefallen**.   Gisela **hat** uns viel **geholfen**.
Ich **habe** dich Wochen lang nicht **gesehen**.
Sie **haben** die Kunden als Geiseln **genommen**.
Du **hast** es **versprochen**.   Jeder **hat** zwei Euro **bekommen**.
Wir **haben** unsere Freunde **eingeladen**.   Alex **hat** mich gestern **angerufen**.

Eine E-Mail

1.2.2 *sein* 과 결합하는 강변화 동사

bleiben	(blieb)	ist geblieben	steigen	(stieg)	ist gestiegen
fahren	(fuhr)	ist gefahren	**sein**	**(war)**	**ist gewesen**
fliegen	(flog)	ist geflogen	werden	(wurde)	ist geworden
gehen	(ging)	ist gegangen	erschrecken	(erschrak)	ist erschrocken
kommen	(kam)	ist gekommen	umziehen	(zog...um)	ist umgezogen
laufen	(lief)	ist gelaufen	einschlafen	(schlief...ein)	ist eingeschlafen

Wir **sind** auch viel **spazieren gegangen**.

Gestern **bin** ich den ganzen Tag zu Haus **geblieben**.

Ihr **seid** aber zu spät **gekommen**.

Lena **ist** in die Stadt **gefahren**.

Martin **ist** Arzt **geworden**.

Wo **sind** Sie denn überhaupt **gewesen**?

Ich **bin** kurz vor Mitternacht *ein***geschlafen**.

1.3 혼합변화 동사

bringen	(brachte)	hat gebracht	rennen	(rannte)	ist(hat) gerannt
denken	(dachte)	hat gedacht	können	(konnte)	hat gekonnt
kennen	(kannte)	hat gekannt	müssen	(musste)	hat gemusst
wissen	(wusste)	hat gewusst	mögen	(mochte)	hat gemocht
nennen	(nannte)	hat genannt			
* haben	**(hatte)**	**hat gehabt**			

Daran **habe** ich gar nicht **gedacht**.

Wir **haben** den Kindern Schokolade **mitgebracht**.

Herr Kim **hat** ein bisschen Deutsch **gekonnt**.

Ich **habe** Herrn Meier vorher nicht **gekannt**.

Das **habe** ich nicht **gewusst**.

2 분리 – 비분리 접두어 (trennbare und untrennbare Präfixe) ☞ L 4

| durch- | über- | um- | unter- | wider- | wieder- |

- 이상의 접두어는 분리접두어로 쓰이기도 하고 비분리접두어로 쓰이기도 한다.
- 토대동사가 같을 경우 분리동사와 비분리동사는 서로 뜻이 달라진다.

> 예) Renate *stellt* die Uhr *um*.　(조정하다, 바꾸다)
> 　　Die Polizei *um*stellt die Bank. (에워싸다, 포위하다)

Renate *stellt* die Uhr *um*.　　　　Renate hat die Uhr *um***ge**stellt.
Die Sonne *geht* schon *unter*.　　Die Sonne ist schon *unter***ge**gangen.
Sehen wir uns morgen *wieder*!　　Wir haben uns zufällig *wieder***ge**sehen.

Zwei Männer *über*fallen die Bank.　Sie haben gestern die Bank *über***fallen**.
Die Polizei *um*stellt die Bank.　　Die Polizei hat die Bank *um***stellt**.
Wir *unter*halten uns lange.　　　Wir haben uns gestern lange *unter***halten**.
Bitte *wieder*holen Sie!　　　　Der Lehrer hat den Satz zweimal *wieder***holt**.

3 *sein*, *haben*, 화법조동사의 과거 (Präteritum)

독일어에서 과거형은 주로 글말이나, sein/haben동사, 화법조동사의 경우에 사용된다. ☞ L 10

	sein	haben	können	müssen	sollen	dürfen	wollen/ *möchte*
ich	war	hatte	konnte	musste	sollte	durfte	wollte
du	warst	hattest	konntest	musstest	solltest	durftest	wolltest
Sie	waren	hatten	konnten	mussten	sollten	durften	wollten
er/sie/es	war	hatte	konnte	musste	sollte	durfte	wollte
wir	waren	hatten	konnten	mussten	sollten	durften	wollten
ihr	wart	hattet	konntet	musstet	solltet	durftet	wolltet
Sie	waren	hatten	konnten	mussten	sollten	durften	wollten
sie	waren	hatten	konnten	mussten	sollten	durften	wollten

Das Essen in Korea **war** wirklich gut.
Wo **warst** du denn? - Ich **war** in Korea.
Alle **waren** sehr neugierig.

Wegen der Zeitverschiebung **hatte** ich Schwierigkeiten.
Hattet ihr beim Einkaufen keine Schwierigkeiten?

Ich **musste** mich wieder umstellen.
Korea hat mir gut gefallen. Ich **wollte** nicht nach Hause zurückfliegen.
Die Polizei **konnte** die Täter festnehmen.

4 비인칭 목적어 (unpersönliches Objekt) es

Renate hatte **es** am Anfang schwer in Korea.
(레나테는 한국에서 처음에는 힘들었다.)
Es tut mir Leid. Ich habe **es** eilig.
(죄송합니다. 제가 좀 급합니다.)

○ Wie geht es Gisela?   ● Sie hat **es** gut. (그녀는 잘 지낸다.)

Übungen

① 다음 분사 Ⅱ 형태를 보고 그 원형을 말해 보시오.

1. gesagt   - _____
2. gewartet - _____
3. gesehen   - _____
4. getrunken - _____
5. geholfen - _____

6. gegangen - _____
7. gegessen - _____
8. gewusst   - _____
9. eingekauft - _____
10. bezahlt - _____

② 보기에 주어진 동사의 분사 Ⅱ 형태를 만들어 알맞은 곳에 배치하시오.

abholen	ankommen	anrufen	antworten	aufstehen	beginnen
bekommen	besuchen	bitten	bleiben	bringen	denken
einkaufen	einladen	fliegen	fahren	finden	geben
gratulieren	gehen	gewinnen	haben	hören	kennen
laufen	mitmachen	sagen	schlafen	schwimmen	studieren
übersetzen	vergessen	verlieren	wiederholen		

ge_____t   ge_____en   _____t   _____en   __ge__t   __ge__en

⋮   ⋮   ⋮   ⋮   ⋮   ⋮

③ 현재완료 문장을 완성하시오.

1. Was habt ihr _____? Erzählt doch mal! (machen)
2. Hallo, Thomas! Ich habe dich ja wochenlang nicht _____. (sehen)

3. Haben Sie schon davon _____? (hören)

4. Heute hat es viel _____. (regnen)

5. Jetzt kannst du nicht Auto fahren. Du hast zu viel Alkohol _____. (trinken)

6. Jens, das Essen ist fertig! Hast du dir schon die Hände _____? (waschen)

④ 다음 문장을 현재완료 시제 문장으로 고치시오.

1. Kauft ihr euch ein Auto?
2. Ihr arbeitet sehr fleißig!
3. Der Professor gibt dem Studenten ein Buch.
4. Peter schreibt mir eine E-Mail.
5. Monika studiert an der Universität Münster.
6. Gisela trifft Minho vor dem Theater.
7. Herr Müller findet den Schlüssel nicht.
8. Ich bitte meinen Vater um Geld.
9. Ich helfe meinem Vater.
10. Sie kennt Herrn Schmidt nicht.
11. Ich bringe dir eine Flasche Wein mit.
12. Olaf sieht zu viel fern.
13. Herr Krüger unterbricht Frau Schönberg.
14. Gisela lädt ihre Freunde zur Geburtstagsparty ein.
15. Wir unterhalten uns über das Fußballspiel.

⑤ 다음 현재완료 문장에 *haben* 또는 *sein*을 넣으시오.

1. Wann _____ du gestern Abend nach Hause gekommen?
2. Warum _____ Sie uns denn nichts gesagt?
3. _____ Sie schon einmal in Amerika gewesen?

4. In Paris _____ wir nur drei Tage geblieben.

5. Am Samstag _____ ich mit meiner Freundin ins Kino gegangen.

6. Beeil dich! Der Film _____ schon begonnen!

7. Stell dir vor! Gestern _____ ich im Kino unseren Deutschlehrer getroffen!

8. Heute Morgen _____ es geregnet, aber am Nachmittag _____ es wieder schön geworden.

9. Zum Glück _____ uns nichts passiert.

10. Ich war müde und _____ sofort eingeschlafen.

6 현재완료와 과거 시제를 이용하여 다음 텍스트를 완성하시오.

Jens erzählt:
Heute Morgen ***hat*** der Wecker nicht ***geklingelt***. (klingeln)
Ich _____ erst um halb acht _____. (aufwachen)
Ich _____ schnell ins Bad _____. (laufen)
Ich _____ duschen. (wollen)
Aber das Wasser _____ eiskalt! (sein)
Ich _____ natürlich sauer. (sein)
Dann _____ ich mich _____ (anziehen) und _____ zur Bäckerei _____. (gehen)
Aber die _____ man leider für heute _____. (schließen)
Ich _____ also ohne Frühstück zur Uni _____. (fahren)
Einfach Pech _____! (haben)

7 다음 문장을 과거형으로 고치시오.

1. Herr Krüger hat es eilig.
2. Ich will unbedingt den Film sehen.
3. Hier darf man nicht rauchen.
4. Seid ihr beim Arzt?

5. Daniel kann nicht mit nach Korea fliegen.
6. Sylvia möchte auch nach Korea fliegen.

8 보기와 같이 대답해 보시오.

Was haben Sie gestern Abend gemacht?

ins Kino gehen ➡ Ich bin ins Kino gegangen.

1. sich mit Sophie über Musik unterhalten
2. meiner Mutter beim Kochen helfen
3. mein Zimmer aufräumen
4. Freunde zum Essen einladen
5. mit Freunden ausgehen
6. eine E-Mail schreiben
7. in die Stadt fahren
8. zu Hause bleiben
9. meine Großeltern besuchen

9 다음을 독일어로 옮기시오.

1. 나는 2년 동안 독일에서 공부했다.
2. 나는 어제 TV에서 한·일전 축구경기를 봤다.
3. 그는 지하철을 타고 시내로 가서 책을 샀다.
4. 그녀는 자기 친구들을 생일에 초대했다.
5. 그는 도저히 그 책을 이해할 수 없었다.
6. 민수를 오랫동안 보지 못했는데, 어떻게 지내니? – 잘 지내고 있어.
7. 너 지금 시간 있니? – 아니, 미안해. 지금 좀 급해.
8. 영화가 막 시작되었다.
9. 식사 준비가 다 됐어. 너 손 씻었니?
10. 어제 나는 페터에게 전화했다.

Aussprache

모음

[œ]	möchte	[ø:]	schön König gehört
[ʏ]	München	[y:]	überfallen übertragen Grüße
[iə̯]	Familie Sommerferien	[i:]	Schwierigkeit spazieren neugierig
[ɐ]	Wetter Eltern sondern wundern		

자음

ch	[ç]	mich dich unterbrechen	[x] gedacht wochenlang Besuch
sch	[ʃ]	schreiben geschmeckt Zeitverschiebung	
sp-	[ʃp]	Spaß versprechen Fußballspiel	
st-	[ʃt]	stehen Widerstand	
-st-	[st]	geleistet gestern	

[l], [n]만으로 음절을 이루는 경우

자음([r] 제외) + el   [əl]/[l] Viertel Schnitzel Geisel Stadtbummel
자음([r,l,m,n] 제외)+en   [ən]/[n] machen Essen Wagen Boden rufen

단수와 복수

[a] - [ɛ] Markt - Märkte   Palast - Paläste
[k] - [g] Tag - Tage

강세

첫 음절: ab|ge|holt   Wi|der|stand   wo|chen|lang   um|stel|len
          Fuß|ball|spiel   neu|gie|rig   wun|der|bar
둘째 음절: um|stel|len   ge|schmeckt   ver|spre|chen
          Fa|mi|lie   spa|zie|ren   ent|schul|di|gen
세째 음절: ü|ber|fal|len   ü|ber|tra|gen un|ter|bre|chen
          a|lar|miert   Po|li|zei

Gut zu wissen

Sie **hatte es schwer** in Korea.   **Das Essen** hat **uns** gut gefallen.
              leicht   Der Film   mir
              gut   Das Spiel   ihr

Ich **hatte Schwierigkeiten beim** Einkaufen.
                                    Kochen.
                                    Studieren.

Das ist ja toll!   **ein paar** Tage / Minuten
Wunderbar!   **am** Anfang
Tatsächlich?   Bayern München **gegen** Bayer Leverkusen
Ach, so!   zurzeit
Viel Spaß!   **von seiner Reise erzählen**
Bis morgen!   Erzähl **doch mal**!
Schreib bald!   Warum **denn**?
Gott sei Dank!
Wahnsinn!

Ich habe **es** eilig.   Ich vermisse dich **schon**.
Sie hat **es** gut.   Daran habe ich **gar nicht** gedacht.
Und **wie** war's?

분데스리가 (Die Bundesliga)

'분데스리가'는 일반적으로 독일의 프로축구 리그지만 독일어로 '분데스리가(Bundesliga)'란 '연방' 또는 '전국리그'를 의미하는 것으로 독일의 리그만을 특별히 지칭하는 말은 아니다. 독일어를 사용하는 오스트리아에서도 국내리그를 '분데스리가'로 부르고 있다.

분데스리가가 시작된 것은 1963-64년 시즌부터이다. 분데스리가 1부 리그는 현재 18개 팀으로 구성되어 있다. 2부 리그도 1부 리그와 같은 18개 팀으로 운영되고 있다. 시즌을 마친 후 1부 리그 최하위 두 팀이 자동으로 2부 리그로 강등되고, 2부 리그 최상위 두 팀이 1부 리그로 자동 승격된다. 그리고 1부 리그 16위 팀과 2부 리그 3위 팀 끼리 승강 플레이오프를 치러서 홈·어웨이 방식으로 2경기를 치러 승자 팀은 1부 리그에 잔류(승격)된다.

리그는 홈 앤드 어웨이 방식을 채택해 이기면 승점 3점을, 비기면 승점 1점을 주는 시스템을 운영한다.

분데스리가의 시즌 개막은 원칙적으로 8월 초순에 시작해서 12월 하순까지 전기리그가 진행되고, 이듬 해 2월부터 5월까지 후기 리그가 진행된다.

Lektion 10: Der Hase und die Schildkröte

Eines Tages *traf* ein Hase eine Schildkröte. Er *machte* sich über sie lustig, weil sie so langsam *war*. Die Schildkröte *ärgerte* sich darüber und *wollte* mit dem Hasen ein Wettrennen machen. Aber der *lachte* nur. Weil die Schildkröte aber darauf *bestand*, *war* er schließlich damit einverstanden.

Als sie sich über die Strecke *geeinigt hatten*, *rannte* der Hase wie der Blitz *davon*. Nicht weit vom Ziel entfernt *dachte* er: Warum soll ich so rennen, wenn ich sowieso gewinne? Und er *legte* sich unter einen Baum und *hielt* seinen Mittagsschlaf. Da *kam* ganz langsam die Schildkröte *heran*, *kroch* an dem schlafenden Hasen *vorbei* und *war* schon kurz vor dem Ziel, als der Hase *erwachte*. Der *rannte los*, so schnell wie er *konnte*, aber es *war* schon zu spät. Die Schildkröte *hatte* das Rennen schon *gewonnen*.

Äsop (Aesop):

Nach Herodot war Äsop ein griechischer Sklave. Er lebte um 550 vor Christus auf der Insel Samos und dichtete Fabeln. Der Überlieferung nach war er hässlich und verwachsen, aber klug und erfinderisch. Er gilt als Begründer der Tierfabel. Seine Fabeln sind weltweit beliebt.

Wo waren Sie, als der Unfall passierte?

Heute Nachmittag hat sich ein Autounfall ereignet. Herr Weber war Zeuge des Unfalls. Der Polizist stellt Fragen an ihn.

Polizist:	Sie *waren* also Zeuge?
Herr Weber:	Ja, ich habe alles gesehen.
Polizist:	Wo *waren* Sie denn, als der Unfall *passierte*?
Herr Weber:	Ich *stand* hier auf dem Gehweg bei meinem Auto. Ich *wollte* mir gerade Zigaretten kaufen.
Polizist:	Wie ist der Unfall passiert? Was haben Sie gesehen?
Herr Weber:	Ein Kind *spielte* auf dem Bürgersteig mit dem Ball. Da *sprang* der Ball auf den Fahrweg, und das Kind *lief hinterher*.
Polizist:	Glauben Sie, der Fahrer hat das Kind nicht gesehen?
Herr Weber:	Wahrscheinlich nicht. An der Straße *parkten* eine Reihe Autos. Das Kind *lief* einfach zwischen den Autos auf die Straße.
Polizist:	Hat das Kind sich vorher nicht umgesehen?
Herr Weber:	Nein, es *ging* alles viel zu schnell.

Der Hase und die Schildkröte

Grammatik

1 '지난 일'의 시제 : 과거 (Präteritum) 와 과거완료 (Plusquamperfekt)

1.1 과거형 만들기

과거형(인칭형) = 과거 어간 + 과거 인칭어미

과거 어간	
약변화 동사	원형어간 + te[1]
강변화 동사	원형어간의 변형[2]
혼합변화 동사	원형어간의 변형 + te

과거 인칭 어미			
1인칭	ich ____		wir ____(e)n
2인칭	du ____st[3]		ihr ____t[3]
	Sie ____(e)n		Sie ____(e)n
3인칭	er sie ____ es		sie ____(e)n

	약변화 동사		강변화 동사			혼합변화 동사	
	mach*en*	arbeit*en*	komm*en*	find*en*	les*en*	bring*en*	könn*en*
ich	mach*te*	arbeit*ete*	kam	fand	las	brach*te*	konn*te*
du	mach*test*	arbeit*etest*	kam*st*	fand*(e)st*	las*est*	brach*test*	konn*test*
Sie	mach*ten*	arbeit*eten*	kam*en*	fand*en*	las*en*	brach*ten*	konn*ten*
er/sie/es	mach*te*	arbeit*ete*	kam	fand	las	brach*te*	konn*te*
wir	mach*ten*	arbeit*eten*	kam*en*	fand*en*	las*en*	brach*ten*	konn*ten*
ihr	mach*tet*	arbeit*etet*	kam*t*	fand*et*	las*t*	brach*tet*	konn*tet*
Sie	mach*ten*	arbeit*eten*	kam*en*	fand*en*	las*en*	brach*ten*	konn*ten*
sie	mach*ten*	arbeit*eten*	kam*en*	fand*en*	las*en*	brach*ten*	konn*ten*

1) [어간 만들 때 -te- 앞에 e 넣기] 동사원형의 어간이 1) t, d, 2) 자음(r, l 제외)+콧소리(n, m)로 끝나는 경우: red*ete*-, rechn*ete*-, atm*ete*- (하지만: lern*te*-, film*te*-)
2) [원형어간의 변형] 주로 모음 바뀜으로 나타나고, 이와 더불어 자음 바뀜(또는 첨가)이 일어나는 경우도 있다: sitzen - saß, schneiden - schnitt, gehen - ging, ziehen - zog, hauen - hieb, tun - tat
3) [강변화 동사의 과거 인칭어미 -st, -t 앞에 e 넣기]
   – 과거 어간이 d, t로 끝나는 경우: -(e)st, -et
   – 과거 어간이 [s], [z] 소리(s, ss, ß, z)로 끝나는 경우: -est, -t

Wie war Ihr Leben in Deutschland, Frau Kim?

Es **ging** mir ganz gut.

Mein Studium **begann** ich in Heidelberg.

Die Stadt **fand** ich sehr schön.

Anfangs **verstand** ich nur wenig Deutsch und **kannte** wenige Leute.

Trotzdem **unterhielt** ich mich oft mit den Leuten.

Mit der Zeit **konnte** ich meine Deutschkenntnisse verbessern.

Und wie war Ihr Werdegang, Herr Lang?

1999 **machte** ich das Abitur.

Von 1999 bis 2000 **leistete** ich meinen Wehrdienst **ab**.

Ab 2001 **studierte** ich an der Universität München Computerwissenschaft.

1.2 과거형과 현재완료형의 쓰임새

- **과거형**: 과거 일을 회상할 때, (현재 상황과 관련 없이) 과거 일을 객관적으로 보고 할 때 ⇒ 이야기체의 텍스트(옛날이야기, 일화, 소설 등)에서 주로 나타남
- **과거형과 현재완료형의 비교**:

    <과거형>   <현재완료형>

    지난 일의 회상/보고   지난 일의 결과가 현재 상황과 관련 있음

    주로 글말에서   주로 입말에서(일기 포함)

    ※ 위의 구분과 관계없이 화법조동사와 *sein*, *haben*은 흔히 과거형으로 사용됨

1.3 과거완료 : '과거의 과거'

과거완료형 = *haben/sein*의 과거형(인칭형) + ... + 분사 Ⅱ

※ 과거의 어떤 일을 기준으로 해서 볼 때 그 일보다 더 먼저 일어난 일임을 나타냄.

Peter *war* sehr müde. Er ***hatte*** die ganze Nacht ***gearbeitet***.

Er *fuhr* zum Flughafen. Da ***war*** die Maschine schon ***gelandet***.

Gestern *habe* ich endlich das Buch *bekommen*. Darauf ***hatte*** ich so lange ***gewartet***.

Der Hase *rannte* los, aber es *war* schon zu spät. Die Schildkröte ***hatte*** das Rennen schon ***gewonnen***.

2 부문장(Nebensatz) I

> 부문장이란 상위의 주문장(Hauptsatz)을 보충해 주는 역할을 하는 문장 성분을 말한다.
> - 부문장은 주문장에 종속시켜 주는 역할을 하는 접속사(종속 접속사)로 시작하고 동사의 인칭변화형이 끝에 위치하는 것이 특징이다.
> - 주문장과 부문장으로 이루어진 문장을 복합 문장이라 한다.

2.1 복합 문장(zusammengesetzter Satz) : 주문장(Hauptsatz) + 부문장(Nebensatz)

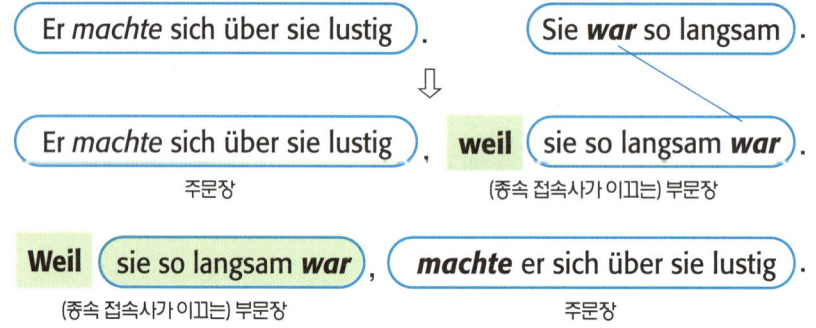

※ 부문장이 주문장 앞으로도 올 수 있다. 이 경우 주문장은 동사 인칭변화형으로 시작한다. 주문장과 부문장의 경계는 콤마(,)로 구분한다.

2.2 상황(때, 조건, 원인)을 나타내는 접속사 I

▶ 때 : ***als, nachdem***

- ***als***: 과거의 1회적 사건의 시점('...했을 때')

    Die Schildkröte *war* schon vor dem Ziel, ***als*** *der Hase erwachte*.

    Wo *waren* Sie denn, ***als*** *der Unfall passierte*?

    Als *sich der Hase und die Schildkröte über die Strecke* <u>*geeinigt hatten*</u>, *rannte* der Hase wie der Blitz *davon*.

- ***nachdem***: '... 한 다음/뒤에' ☞ ⓛ13

    Nachdem *Helga* <u>*geheiratet hatte*</u>, *ist* sie mit ihrem Mann nach München *gezogen*.

▶ 조건 : ***wenn***('...하게 되면, ...할 때 마다' – 미래, 현재, 과거의 일에 모두 쓰임)

Warum soll ich so rennen, ***wenn*** *ich sowieso gewinne*?

Wenn *das Wetter schön ist*, (dann) gehen wir spazieren.

Wenn *es regnet*, bleiben wir zu Hause.

Wenn *es regnete*, blieben wir zu Hause.

(Immer) wenn *er kein Geld hatte*, ist er zu mir gekommen.

※ 과거 시제에서 als와 wenn의 차이:

- als: 1회적 사건

    Als ich in Busan war, besuchte ich meinen Freund. (내가 부산에 갔을 때...)

- wenn: 반복적 사건

    Wenn ich in Busan war, besuchte ich meinen Freund. (내가 부산에 갈 때마다...)

▶ 원인, 이유 : ***weil***('...때문에')

Peter arbeitet, ***weil*** *er Geld verdienen will*.

Weil *ich sehr müde war*, konnte ich nicht kommen.

Warum hast du denn nicht angerufen? - ***Weil*** *es so spät war*.

Der Hase machte sich über die Schildkröte lustig, ***weil*** *sie so langsam war*.

> ※ 이유를 나타내는 접속사에는 *denn*도 있는데, 이것은 *und, aber, oder*처럼 독립된 두 문장을 대등하게 연결시킨다:
>
> Wir blieben zu Hause, *denn* das Wetter *war* schlecht.
>
> (= Wir blieben zu Hause, *weil* das Wetter schlecht *war*.)

Übungen

① 주어진 동사의 과거형으로 다음 대화의 빈칸을 채우시오.

1. Wer ist diese Frau? - Sie _____(arbeiten) bei unserer Firma.
2. Warum ist sie nicht Schauspielerin geworden?
   - Zuerst _____(wollen) sie es ja werden. Als sie noch zur Schule _____(gehen), hat sie immer davon geträumt.
3. Wie hast du sie kennen gelernt? Erzähl doch mal!
   - Ich _____(treffen) sie in Rom, als ich einmal eine Reise durch Europa _____(machen).
4. Sie haben falsch geparkt.
   - Ich _____(denken), eine Minute macht doch nichts.
5. Wo waren Sie, als der Unfall _____(passieren)?
   - Ich _____(stehen) hier auf dem Bürgersteig.
6. Und wie war das bei Ihnen?
   - Bei mir _____(laufen) das anders.
   Schon mit 20 Jahren _____(müssen) ich Geld verdienen.

② 현재완료와 과거완료를 문맥에 맞게 사용하시오.

1. A: Ich muss mit dem Chef sprechen. _____ Sie ihn gesehen?
   B: Schade, er _____ gerade weggegangen.

2. A: Warum _____ du nicht zur Party gekommen?

   B: Ich konnte nicht. Meine Mutter _____ mich besucht.

3. A: Treffen Sie sich heute mit Herrn Becker?

   B: Ja, ich _____ mich mit ihm verabredet.

4. A: Warum bist du so spät gekommen?

   B: Ich musste wieder nach Haus fahren, weil ich das Buch zu Hause vergessen _____.

5. Nachdem er zu Mittag gegessen _____, fuhr er zur Universität.

6. Wo _____ Sie denn gewesen, wenn ich fragen darf?

7. Nach der Ankunft habe ich gleich meinen Freund angerufen.

   Ich _____ ihn ja lange nicht gesehen.

③ 접속사 *als, wenn*을 넣으시오.

1. _____ ich auf dem Gehweg stand, passierte ein Autounfall.

2. _____ der Wecker klingelte, da sprang er aus dem Bett.

3. _____ ich aus dem Büro nach Hause komme, mache ich zuerst einmal 10 Minuten Gymnastik.

4. Der Anruf kam, _____ sie das Haus verlassen hatte.

5. _____ ich morgens mit der Straßenbahn ins Büro fahre, sehe ich immer Frau Zimmermann.

6. A: Bist du als Kind oft bei deinen Großeltern gewesen?

   B: Immer nur, _____ meine Eltern sie besuchten.

④ 첫 문장을 *wenn* 또는 *als* 부문장으로 삼아 두 문장을 한 문장으로 만드시오.

1. Ich war im letzten Sommer in Busan. / Ich besuchte meinen Onkel.
2. Es war dunkel. / Das Mädchen kam nach Hause zurück.
3. Du hast keine Lust. / Ich gehe allein.
4. Ich hatte Zeit. / Ich ging immer ins Theater.
5. Die Sonne scheint. / Dann nehme ich euch mit in den Park.

⑤ 두 문장을 *weil*로 연결하여 한 문장으로 만드시오.

1. Walter ist nicht gekommen. Er ist krank.
2. Ich konnte nicht mitkommen. Ich musste zum Arzt.
3. Der Polizist stellt Fragen an Herrn Weber.
   Er war Zeuge des Unfalls.
4. Peter arbeitet. Er muss Geld verdienen.
5. Die Schildkröte war so langsam.
   Deshalb machte sich der Hase über sie lustig.

⑥ 주어진 동사의 과거형을 넣으시오.

Es _____(*sein*) einmal ein Mädchen.
Sie _____(*bekommen*) von ihrer Mutter ein Käppchen.
Weil sie es so gern _____(*tragen*),
_____(*nennen*) sie alle Leute „Rotkäppchen".
Eines Tages _____(*sagen*) die Mutter zu Rotkäppchen:
„Mein Kind, nimm diesen Wein und den Kuchen und bringe alles der Großmutter, denn sie ist krank. Aber geh nicht vom Weg ab und beeil dich!"
Die Großmutter _____(*wohnen*) eine halbe Stunde vom Dorf.
Ihr Haus _____(*liegen*) im Wald.

Als Rotkäppchen in den Wald _____(*kommen*),
_____(*treffen*) sie den Wolf.
„Guten Tag, Rotkäppchen, wo gehst du so früh hin?",
_____(*fragen*) der Wolf.
„Zur Großmutter", _____(*antworten*) sie ihm.
Der Wolf _____(*sprechen*):
„Sieh mal die Blumen hier im Wald!
Warum spielst du nicht eine Weile im Wald?
Es ist so schön hier!"
Rotkäppchen _____(*laufen*) vom Weg ab und _____(*pflücken*)
einen Strauß, den _____(*wollen*) sie der Großmutter schenken.
Inzwischen _____(*gehen*) der Wolf geradewegs zum Haus der Großmutter,
_____(*öffnen*) die Tür, _____(*treten*) ein und _____(*fressen*)
die Alte auf.
Er _____(*ziehen*) sich ihre Kleider an,
_____(*legen*) sich in ihr Bett und _____(*warten*) auf Rotkäppchen.
(......)

⑦ 다음을 독일어로 옮기시오.

1. 사고가 났을 때 당신은 어디에 계셨습니까?
2. 저는 시간만 나면 영화 보러 다녔어요.
3. 그 남자는 비가 오면 외출을 하지 않았다.
4. 햇볕이 나면 산책하려고 해요.
5. 어제 나는 드디어 그 책을 받았다. 나는 그 책을 오래 기다렸었다.
6. 우리가 영화관에 도착했을 때 영화는 이미 시작한 뒤였다.
7. 내가 집에 와 보니 친구는 벌써 가고 없었다.
8. 그는 친구에게 전화를 하고 난 다음 시내로 갔다.
9. 아파서 그의 생일파티에 가지 못했어요.
10. 나는 늦잠을 자서 오늘 아침에 머리를 감지 못했다.

Aussprache

모음

[a]	r*a*nnte	l*a*chte	war*u*m	[a:]	H*a*se	tr*a*f	k*a*m
				[aːɐ̯]	w*ar*	F*ah*rweg	
[ɛ]	w*e*nn	entf*e*rnt	Z*i*gar*e*tte	[e:]	l*e*gte	W*e*ber	G*eh*w*e*g
				[ɛː]	sp*ä*t		
[ə]	g*e*einigt	Streck*e*	Zigaret*te*	[ɐ]	*ä*rgern	dar*ü*ber	*u*nter
[ɛɐ̯]	*ei*nverstanden	*er*wachte		[eːɐ̯]	hinterh*er*		
[ɪ]	s*i*ch	Bl*i*tz	Poliz*i*st	[iː]	Z*ie*l	h*ie*lt
[i]	sow*ie*s*o*	Pol*i*z*i*st		[iːɐ̯]	pass*ier*te		
[ɔ]	v*o*m	s*o*ll		[oː]	sowies*o*	l*o*s	
[o]	sow*ie*s*o*	P*o*liz*i*st	als*o*				
[ʊ]	war*u*m	*u*nter	*U*nfall	[uː]	z*u*		
				[øː]	Sch*i*ldkr*ö*te		
[ʏ]	B*ü*rgersteig			[yː]	*ü*ber		
[aɪ]	w*ei*l	ge*ei*nigt	R*ei*he				
[aʊ]	B*au*m	*Au*to	k*au*fen				
[ɔʏ]	Z*eu*ge						

자음

b	[b]	**b**estand	**B**ürgersteig
w	[v]	**W**ettrennen	ge**w**innen F*ah*r**w**eg
g	[g] - [k]	**G***eh*weg	B*ü*rgstei**g**

180 Lektion 10

-ig [iç]   l*u*s*tig*   ge*ei*n*igt*
ch [x]   l*ach*te   d*ach*te   [ç]   s*ich*   schl*ie*ß*lich*

자음겹침
sp*r*ang   St*r*a*ß*e   St*r*ecke   schl*ie*ßlich
ent|fernt   We*tt*|rennen   Sch*i*ld|kröte   M*i*ttags|schlaf

강세
첫 음절: *U*n|fall   F*ah*r|weg   G*eh*|weg
           Au|to   R*ei*|he   *Zeu*|ge
           Sch*i*ld|krö|te   B*ü*r|ger|steig   *ei*n|ver|stan|den
둘째 음절: ent|f*e*rnt   wa|r*u*m   ge|*ei*|nigt   er|w*ach*|te
세째 음절: so|wie|s*o*   Po|li|z*i*st   Zi|ga|r*et*|te

Gut zu wissen

Warum soll ich so rennen,   **wenn**   ich sowieso gewinne?
              ich das machen,   es niemand braucht?
              man umziehen,   die Miete so niedrig ist?

Der Hase rannte   **wie der Blitz**.
                  so schnell wie er konnte.
Komm bitte   *so schnell wie möglich!*

Es war einmal ein König.
Es lebte einmal ein Mädchen.

Es ging alles viel zu   schnell.
                          langsam.

Heute Nachmittag   **ist** ein Unfall **passiert**.
                   hat sich ein Unfall **ereignet**.

Wo waren Sie denn, als der Unfall passierte?

Ich   **wollte**   **gerade** etwas an einem Kiosk kaufen.
      wollte mir   **gerade** Zigaretten kaufen.
      wollte   **gerade** mein Auto abschließen.

eines Tages
       Nachts
       Morgens
       Abends

der Überlieferung nach
meiner Meinung nach

강변화 동사의 원형 – 과거형(단수 1, 3인칭) – 분사 II

A-B-A

a(:) - i: - a(:)[1)]
- halten - hielt - gehalten
- fallen - fiel - gefallen
- lassen - ließ - gelassen
- blasen - blies - geblasen
- braten - briet - gebraten
- geraten - geriet - geraten
- raten - riet - geraten
- schlafen - schlief - geschlafen

a(:) - u: - a(:)
- schaffen - schuf - geschaffen
- wachsen - wuchs - gewachsen
- waschen - wusch - gewaschen
- (backen - backte/buk - gebacken)
- fahren - fuhr - gefahren
- graben - grub - gegraben
- laden - lud - geladen
- schlagen - schlug - geschlagen
- tragen - trug - getragen

e(:) - a: - e(:)
- essen - aß - gegessen
- fressen - fraß - gefressen
- messen - maß - gemessen
- vergessen - vergaß - vergessen
- (sitzen - saß - gesessen)
- geben - gab - gegeben
- geschehen - geschah - geschehen
- lesen - las - gelesen
- sehen - sah - gesehen
- treten - trat - getreten

A-B-B

e(:) - o(:) - o(:)[2)]
- fechten - focht - gefochten
- flechten - flocht - geflochten
- schmelzen - schmolz - geschmolzen
- heben - hob - gehoben
- erwägen - erwog - erwogen
- gären - gor - gegoren

i: - o(:) - o(:)[2)]
- fließen - floss - geflossen
- genießen - genoss - genossen
- schießen - schoss - geschossen
- schließen - schloss - geschlossen
- bieten - bot - geboten
- fliegen - flog - geflogen
- fliehen - floh - geflohen
- frieren - fror - gefroren
- verlieren - verlor - verloren

ei - i(:) - i(:)
- beißen - biss - gebissen
- bleiben - blieb - geblieben

Der Hase und die Schildkröte

	greifen - griff - gegriffen	schreiben - schrieb - geschrieben
	reiten - ritt - geritten	schweigen - schwieg - geschwiegen
	schmeißen - schmiss - geschmissen	steigen - stieg - gestiegen
	streiten - stritt - gestritten	

A-B-C

e - a(:) - o	bergen - barg - geborgen	brechen - brach - gebrochen
	helfen - half - geholfen	erschrecken - erschrak - erschrocken
	schelten - schalt - gescholten	sprechen - sprach - gesprochen
	sterben - starb - gestorben	treffen - traf - getroffen
	werfen - warf - geworfen	
e: - a: - o(:)	nehmen - nahm - genommen	befehlen - befahl - befohlen
		empfehlen - empfahl - empfohlen
		stehlen - stahl - gestohlen
i - a - o	beginnen - begann - begonnen	
	gewinnen - gewann - gewonnen	
	schwimmen - schwamm - geschwommen	
i - a - u	finden - fand - gefunden	
	gelingen - gelang - gelungen	
	klingen - klang - geklungen	
	singen - sang - gesungen	
	trinken - trank - getrunken	
i(:) - a: - e:	bitten - bat - gebeten	
	liegen - lag - gelegen	

1) a - i - a   empfangen, fangen; hängen(자동사)
   그 밖에도 이 유형에는 다음 동사들이 속한다: laufen - lief - gelaufen, heißen - hieß - geheißen, rufen - rief - gerufen, stoßen - stieß - gestoßen

2) ö/ü(:) - o(:) - o(:)   erlöschen - erlosch - erloschen
       lügen - log - gelogen   : schwören, (be)trügen
   au - o(:) - o(:)   saufen - soff - gesoffen
       saugen - sog - gesogen

독일연방 각 주의 문장 (Die Wappen der Bundesländer)

1. 사자(der Löwe): Bayern, Baden-Württemberg, Bayern, Hessen, Rheinland-Pfalz, Saarland, Schleswig-Holstein, Thüringen
2. 독수리(der Adler): Brandenburg, Sachsen-Anhalt
3. 말(das Pferd): Niedersachsen, Nordrhein-Westfalen
4. 곰(der Bär): Berlin, Sachsen-Anhalt
5. 황소(der Stier): Mecklenburg-Vorpommern

Lebendiges Deutsch für Studenten I

대학생을 위한 활용 독일어 I

색인

- **Wörterverzeichnis**
- 인명 색인(이름, 성)
- 지명 색인
- 문법 용어 색인

Wörterverzeichnis

```
관 = (불)특정관사, 소유관사

대 = 인칭대명사, 재귀대명사, 지시대명사, 불특정대명사

분리 = 분리접두어

분II = 분사 II

전 = 전치사

접 = 접속사

첨 = 첨사

숫자 = 해당과      T = Text      D = Dialog

W = Wörter und Ausdrücke

G = Grammatik           Ü = Übungen

Gw = Gut zu wissen
```

A

ab 전 10G …부터(시간)
  ab 1988 10G 1988년부터
ab- 분리 4G 6T 7T 10Ü
Abend *m*, -e 3Ü 5T 7D 8T 9G 저녁
  Guten Abend! 3Ü (저녁 때 하는 인사)
Abendessen *n*, - 5T 저녁 식사
abends 5Ü 저녁에
aber 접 3T 4G 5Ü 6D 7T 8D 9D 10T 그러나, 하지만
  Minho hat einen Bruder, aber keine Schwester. 3T
  민호는 형/동생이 있다. 그러나 누나는/여동생은 없다.
aber 첨 10T [의외의 일의 진술에 씀]
  Das ist aber eine Überraschung. 5D 정말 뜻밖입니다.
abfahren 4T 출발하다
abgehen 10Ü (어떤 장소로부터) 벗어나다

abholen 6D 7D 9T 데리고 오다, 마중 나가다
Abitur *n* 3T 10G 아비투어(대학입학 자격시험)
ablaufen 10Ü (어떤 장소로부터) 달려나가다
ablegen, sich 8Ü (옷가지를) 벗다
ableisten 10G 이행하다
  den Wehrdienst~ 10G 군복무를 하다
abräumen 6D 치우다
Absatz *m*, -sätze 9T (인터넷 이메일 메뉴) 서식
Abschicken *n* 9T (인터넷 이메일 메뉴) 보내기
abschließen 10Gw (무엇을 열쇠로) 잠그다
  das Auto ~ 10Gw 자동차 문을 잠그다
abstellen 6Ü 세워 두다
ach! 9D [감탄]
  Ach, so! 9D 아, 그래!
acht 3W 5T 8T 여덟, 8
achtundzwanzig 3W 5Ü 스물 여덟, 28
achtzehn 3W 5G 열 여덟, 18
achtzig 3W 여든, 80
Adresse *f*, -n 9T 주소
Affe *m*, -n 7G 원숭이
Akte *f*, -n 6G 서류
alarmieren 9D 급히 신고하다, 알리다
Alkohol *m*, - 7D 9Ü 알콜, 술
all- 관 9D 모두, 다
  Alles Liebe 9D 안녕 (친한 사이에 쓰는 편지 맺는말)
all- 대 4Gw 10Ü 모든 것, 모든 사람
  (Alles) in Ordnung. 4Gw 됐습니다.
  alle Leute 10Ü 모든 사람들
allein 3Ü 6G 9D 10Ü 혼자, 단지
als 3T 9D 10Ü …로서
  Er arbeitet als Elektrotechniker. 3T 그는 전기기술자로 일한다.
als 접 10T …때
  … als der Hase erwachte. 10T 토끼가 잠에서 깨어났을 때, …
also 4D 9Ü 10D 그래서, 그러니까
alt 1Ü 3T 낡은, 오래된, 늙은, (나이를 나타낼 때) …살,

세
Er ist 52 Jahre alt. 3T 그는 52살이다.
Alte, die 10Ü 노파
am (an+dem) 4T 5T 7T 9T →an
Amerika *n* 2W 5D 9Ü 미국
Amerikaner *m*, - 2W 미국 사람 (남자)
Amerikanerin *f*, -*nen* 2W 미국 사람 (여자)
Amerikanistik *f* 2W 미국학
an 전 5G 8T 9T 10D ...에, ...에서, ...에게
  Ihre Freunde sind schon am Bahnhof. 4T 그녀의 친구들은 벌써 역에 와 있다.
  am Anfang 9T 처음에는
  An Gisela Neumann 9T 기젤라 노이만에게
  Ich denke an meinen Urlaub. 8Ü 나는 휴가를 생각하고 있다.
an- 분리 4G 5D 6G 7T 8T 10Ü
Andenken *n*, - 9D 기념품
anders 10Ü 다르게, 다른 식으로
anderthalb 5T 1½
Anfang *m*, -fänge 9T 처음, 시작
*an*fangen 4Ü 9G 시작하다
anfangs 10G 처음에는
Anfügen *n* 9T (인터넷 이메일 메뉴) 첨부
angefangen 분Ⅱ 9G →*an*fangen
angeln 2G 낚시하다
angerufen 분Ⅱ 9G 10G →*an*rufen
Anglistik *f* 2W 영어영문학
Angst *f*, Ängste 6G 불안, 두려움
Anhang *m*, -hänge 9T (인터넷 이메일 메뉴) 첨부파일
ankommen 4T 9Ü 도착하다
Ankunft *f* -künfte 7T 9D 10Ü 도착
*an*probieren 6D 입어보다
Anruf *m*, -e 4Ü 10Ü 전화통화
*an*rufen 6T 7T 9G 전화하다
ans (an+das) 6G →an
*an*sehen, sich 8T 보다, 관람하다
Ansicht *f*, -en 4W 전망, 조망
Ansichtskarte *f*, -n 4D 5G 그림엽서
(an)statt 전 7G ...대신에
anstrengend 8D 힘든
antworten 3D 6G 10Ü 대답하다
Anzeigen *n* 9T (인터넷 이메일 메뉴) 보기
*an*ziehen, sich 8T 9Ü 10Ü (옷을) 입다
Apfelkuchen *m*, - 7Ü 사과 케이크
April *m* 5W 7G 4월
Arbeit *f*, - en 3Ü 4Ü 5Ü 6T 7G 일, 노동

arbeiten 2G 3T 4D 5T 6Ü 7G 9G 10G 일하다, 공부하다
Arbeiter *m*, - 8Ü 노동자, 근로자
Arbeitszimmer *n*, - 4Ü 작업실, 공부방
Ärger *m* 6T 화, 화나는 일
  Er hat heute Morgen Ärger, denn sein Wagen ist kaputt. 6T 그는 오늘 아침 화가 났다. 자기 차가 고장났기 때문이다.
ärgern, sich 10T 화나다 *über jn./etw.⁴* ~ 누구/무엇에 화나다
Arzt *m*, Ärzte 1G 3T 7D 8Ü 9G 10Ü 의사 (남자)
Asien 2Ü 아시아
atmen 2G 10G 숨쉬다
auch 접 1T 2T 3D 4T 5D 6T 8T 9T ...도, ...또한, ...역시
auf 전 2D 5D 6T 7T 8T 10T ...위에/로
  auf einer Party 5D 파티에서
  Freust du dich auf die Reise? 8Ü 너 여행을 고대하고 있니?
  Gisela wartet auf ihren Bus. 8Ü 기젤라는 버스를 기다리고 있다.
auf- 분리 4G 6T 8T 10Ü
Aufenthalt *m*, -e 8T 체류
*auf*essen 6Ü 다 먹다, 먹어 치우다
*auf*fressen 10Ü 잡아먹다
*auf*gestanden 분Ⅱ 9G →*auf*stehen
*auf*machen 6Ü 9G 열다, 펴다
*auf*räumen 6D 7G 9Ü 정리하다, 정돈하다
aufs (auf+das) 6G →auf
*auf*stehen 5T 8T 9G 일어나다
*auf*wachen 9G 깨다
Auge *n*, -n 3W 눈
Augenarzt *m*, - ärzte 4Ü 안과의사
Augenzeuge *m*, -n 10D 목격자
August *m* 5W 7Gw 8월
aus 전 2T 3G 7T 8Ü 10Ü ...에서 나와, ...로부터
  Sie kommt aus Deutschland. 2T 그녀는 독일에서 왔다.
  Er sprang aus dem Bett. 10Ü 잠자리에서 벌떡 일어났다.
aus- 분리 4G 6D
Ausdruck *m*, -drücke 2W 5W 표현
*aus*drucken 4D 출력하다
Ausflug *m*, -flüge 6G 소풍, 야유회
*aus*füllen 9G 채워 넣다, 기입하다
*aus*gehen 7Gw 9Ü 외출하다

ausgezeichnet 8D 훌륭한
Ausland n 5G 외국
Auslandsreise f, -n 해외여행
ausleeren 6D 비우다
Ausländer m, - 8D 외국인
aussehen 4D 6D ...처럼 보이다
äußern 2G 말하다, 표현하다
aussteigen 4T 차에서 내리다
Auto n, -s 3W 4Gw 6T 7Ü 9Ü 10D 자동차
Autofahren n, - 5G 자동차 운전
Autounfall m, -unfälle 10D 자동차 사고

B

Baby n, -s 1Ü 4Ü 아기
Bäcker m, - 3Ü 빵 제조업자, 빵집주인
Bäckerei f, -en 9Ü 제과점
Bad n, Bäder 5T 8T 9Ü 욕실, 목욕
Bahn f, -en 4W 철도
BahnCard f, -s 7T 기차표 할인카드
Bahnhof m, -höfe 4T 6G 7T 9D 기차역
bald 3T 3Gw 4G 5D 7Gw 8Ü 9D 곧, 머지 않아
Ball m, Bälle 10D 공
Bär m, -en 7G 곰
Bank f, -en 6Ü 7G 9D 은행
Bart m, Bärte 8Ü 수염
Bauer m, -n 7G 농부
Baum m, Bäume 10T 나무
Bayer Leverkusen 9Gw 바이어 레버쿠젠 프로축구팀
Bayern München 9D 바이에른 뮌헨 프로축구팀
Bearbeiten n, - 9T (인터넷 이메일 메뉴) 편집
bedanken, sich 8Ü 감사하다
 Ich bedanke mich herzlich für Ihre Hilfe. 8Ü 당신의 도움에 진심으로 감사드립니다.
Bedeutung f, -en 7G 의미
beeilen, sich 8T 9Ü 10Ü 서두르다
befehlen 9G 명령하다
befohlen 분II 9G → befehlen
begann 10G → beginnen의 과거형
begeistert 8T 감탄한, 감격한 *on etw.³* ~ *sein*
 ...에 매료되다
beginnen 2D 5T 6T 8Ü 9G 시작하다, 시작되다
 mit etw.³ ~ 무엇을 시작하다
begonnen 분II 9G → beginnen

Begründer m, - 10T 창시자, 시조
bei 전 3T 4D 6G 7D 8Ü 9T 10D
 ...옆에, ...의 집에, (회사)에, (...의) 경우에
 Ich stand hier bei meinem Auto. 10D 저는 여기 제 차 옆에 서 있었어요.
 Und wo wohnt er hier? - Bei mir zu Hause. 6G 그런데 그 사람은 이곳 어디서 지내지? - 우리 집에서.
 Er arbeitet bei Siemens. 3T 그는 지멘스에서 근무한다.
 Bei diesem Wetter kann man sich leicht erkälten. 8Ü 이런 날씨에는 쉽게 감기 걸린다.
*bei*bringen 8D 가르치다
beide 대 4D 둘다
beim (bei+dem) 6D → bei
Bein n, -e 7G 다리, 받침다리
Beispiel n, -e 6Ü 보기, 예
bekommen 분II 9G 10G → bekommen
bekommen 4Ü 6D 8Gw 9G 10Ü 얻다, 받다
beliebt 10T 인기 있는, 애호되는
Berliner Platz 4D 베를린 광장
Beruf m, -e 3T 8D 직업
 Sie ist Lehrerin on Beruf. 3T
 그녀의 직업은 교사다.
besonders 5T 8T 9D 특히, 무엇보다도
bessern 2G 낫게 하다, 향상시키다
bestand 10T → bestehen의 과거형
bestehen 10T 있다, 지속되다.
 auf etw.⁴ ~ 무엇을 고집하다
 Weil die Schildkröte darauf bestand, ... 10T
 거북이가 그것을 고집했기 때문에, ...
bestellen 4D 6T 7D 8D 주문하다
Besuch m, -e 6D 방문
besuchen 6T 7Ü 8T 9G 10G 방문하다
betrachten 4T 관찰하다
Betreff m, -e 9T (인터넷 이메일 용어) 제목, 요건
Bett n, -en 5Ü 6Ü 7G 10Ü 침대
bewundern 4D 감탄하다
bezahlen 4D 7T 9Ü 지불하다
Bibliothek f, -en 5G 도서관
Bier n, -e 6D 7Gw 맥주
Bild n, -er 1T 4D 5G 6Ü 7G 8Ü 그림, 사진
bin 1T 2T 3D 9D → sein
Bindestrich m, -e 4Gw 하이픈
bis 전 4T 5T 6G 7D 9D ...까지
 on 1986 bis 1987 10G 1986년부터 1987년까지
 Bis morgen! 9D 내일 보자!

bisschen 7G 9G 약간의, 조금의
  ein bisschen 7G 조금
bist 2G 9D 10Ü → sein
bitte 4D 6T 8Ü 9G (공손한 표현) 실례지만, 저, 좀
bitten 9G *jn.* 청하다 *um etw.⁴*~ ...에게 ...을 부탁하다
bleiben 5D 9G 10G 머무르다
Bleistift *m*, -e 1T 연필
blieb 10G → bleiben의 과거형
Blitz *m*, -e 10T 번개
Blume *f*, -n 9G 10Ü 꽃
Bluse *f*, -n 4Ü 6D 블라우스
Boden *m*, Böden 6D 바닥
brachte 10G → bringen의 과거형
Brandenburger Tor 4D 브란덴부르크 문
Bratkartoffel *f*, -n 7Gw 볶은 감자요리
Bratwurst *f*, -würste 7Gw 구운 소세지
brauchen 4D 7T 8Ü 10Gw ...을 필요로 하다,
  brauchen zu + 동사원형 ...할 필요가 있다
  Sie brauchen nicht ... zu bezahlen. 7T 그들은 ...
  을 지불할 필요가 없다.
brav 6G 얌전한, 용감한
brechen 4G 깨다, 부수다
Brief *m*, -e 9Ü 편지
Brille *f*, -n 1T 4G 6G 안경
bringen 6D 7D 9G 10G (...을 ...로) 가져가다, 운반하다
Brite *m*, -n 2W 영국 사람 (남자)
Britin *f*, -nen 2W 영국 사람 (여자)
Bruder *m*, Brüder 3T 5Ü 7G 8Ü 남자형제 (형, 동생, 오빠, 남동생)
Brücke *f*, -n 6Ü 다리, 교량
Buch *n*, Bücher 1T 2G 3W 4W 6D 7G 9Ü 10G 책
buchen 6T 예약하다
  Buchen Sie einen Flug nach Frankfurt. 6T
  프랑크푸르트 행 항공편을 예약하세요.
Buchhandlung *f*,- en 7Gw 서점, 책방
Buchladen *m*, -läden 4W 서점
Buchmesse *f*, -n 도서박람회 4D
Bummel *m*, - 4W 산보
bummeln 9G 시내 구경하며 돌아다니다
Bundesrepublik Deutschland *f* 7Ü 독일연방공화국
Bürgersteig *m*, -e 10D 보도, 인도
Büro *n*, -s 4W 6T 7G 10Ü 사무실
Bus *m*, Busse 4Gw 6G 7G 8T 버스
Butter *f* 6Ü 버터

C

Cafeteria *f*, -s 9D 카페테리아
Café *n*, -s 8T 카페
CD *f*, -s 4Ü CD
CD-Spieler *m*, - 9Ü CD플레이어
Chef *m*, -s 3G 6T 7G 10Ü 직장상사, 사장
Chemie *f* 2G 화학
China *n* 2G 중국
Chinese *m*, -n 2W 중국 사람 (남자)
Chinesin *f*, -nen 2W 중국 여자 (여자)
Chinesisch 2W 중국어
Christus 10T 그리스도
ciao! 2W 8Gw 잘가! 안녕!
Cola *f* 7G 8D 콜라
Computer *m*, - 1Ü 6T 컴퓨터
Computerwissenschaft *f* 10G 컴퓨터과학, 전산학
cool 4Ü 8Gw 멋진

D

da 3G 4D 5D 6D 7Ü 8D 10T
  거기, 여기, 저기, (지금 자리에) 있다, 그때에
  Da kommt ein Mann. 3G 저기 어떤 남자가 온다.
  Ist Ihre Frau nicht da? 3Ü 부인은 안 계십니까?
  Da kam ganz langsam die Schildkröte heran, ...
  10T 그때 거북이가 아주 천천히 다가왔다, ...
dabei 5T 그러면서, 그러는 동안에
*dabei*haben 7T 소지하다
dachte 10T → denken의 과거형
dafür 8Ü 그것에 대해
  Interessierst du dich auch für Kunst?
  - Ja, ich interessiere mich auch dafür. 8Ü
  너 예술에도 관심 있니? – 응, 나는 그것에도 관심 있어.
dahin 8D 그리로
Dame *f*, -n 7Ü 숙녀, 여자
damit 8G 10T 그것과 함께
  Fährst du mit der U-Bahn? Ja, ich fahre damit.
  8G 너 지하철 타고 가니? – 응 그것 타고 간다.
Dank *m* 9D 감사, 고마움
danken 5D 6T 7D 8D 감사하다, 고마워하다 *jm. für etw.⁴*...에게 ...에 대해 감사하다

dann 5T 6T 8T 9Ü 10G 그러면, 그리고 나서
daran 8Ü 9D 그것에 대해
　Ich denke jetzt nicht daran. 8Ü 나는 지금 그것 생각하지 않아.
darauf 8D 10T 그것에 대해
　Ich freue mich schon darauf. 8D 나는 벌써 그것을 고대하고 있어.
darf 7G 9Ü 10Ü → dürfen
darfst 7D → dürfen
darüber 10T 그것에 대해
　Die Schildkröte ärgerte sich darüber, ... 10T 거북이는 ...에 대해 화를 냈다
das 관 [중성 1격] 1T 4G 5T 6D 8D 9T 10T
　Das Buch ist dick. 1T 이 책은 두껍다.
das 관 [중성 4격] 1G 3T 4Gw 6D 5G 8T 10T
　Ihre Tochter macht bald das Abitur. 3T 그 부인의 딸은 곧 아비투어(대학입학 자격시험)를 치른다.
das 대 [지시. 중성 1격] 1T 3D 2T 5D 6D 9T 10Ü 이/그/저 것, 이/그/저 사람
　Wer ist das? 1T 이 사람은 누구입니까? 1T
das 대 [지시. 중성 4격] 4D 7G 8D 그것, 저것을
　Gut, das nehme ich. 4D 좋아, 내가 저것 살게.
　Ja, das dürfen Sie. 7G 예, 그래도 됩니다.
Datei *f*, -en 9T (인터넷 이메일 메뉴) 파일
Datum *n*, Daten 7D 날짜
dauern 2G 4T 5T 6G 9T (시간이) 걸리다
davon 9D 10Ü 그것에 대해
　Haben Sie schon davon gehört? 9D 그 소식 들으셨어요?
davon- 분리 10T
davonrennen 10T 달려가 버리다
dein- 관 [소유] 3D 5Ü 6D 7G 8Ü 9T 10Ü 너의
　Ist das deine Familie? 3D 이것이 너의 가족(사진)이니?
dem 관 [남성 3격] 1G 4Gw 6D 8D 9Ü 10T
　Manfred fährt mit dem Zug. 4Gw 만프레트는 기차를 타고 간다.
dem 관 [중성 3격] 1G 4Gw 5T 6D 8T 9Ü 10T
　Manfred fährt mit dem Taxi. 4Gw 만프레트는 택시를 타고 간다.
dem 대 [지시. 남성 3격] 4G
dem 대 [지시. 중성 3격] 4G
den 관 [남성 4격] 1G 3T 4T 5T 6T 8T 9G 10D
　Seine Frau macht den Haushalt. 3T 그의 부인은 살림을 한다.
den 관 [복수 3격] 1G 8Ü 9G 10D

　Martin will in den USA studieren. 8Ü 마틴은 미국에서 공부하려고 한다.
den 대 [지시. 남성 4격] 4G 7T 10Ü
　Kennst du den Mann dort?
　- Nein, den kenne ich nicht. 4G
　너 저기 있는 저 남자 아니? – 아니 난 저 사람 몰라.
denen 대 [복수 3격] 4G
denken 8Ü 9G 10T 생각하다 *an jn./etw.*⁴ ~ ...을 생각하다
　Woran denkst du? 8Ü 너 무슨 생각하니?
denn 접 6T 7T 8T 10G 왜냐하면, ...이니까
　Sie beeilt sich nicht, denn heute ist Sonntag. 8T 그녀는 서두르지 않는다, 오늘은 일요일이기 때문이다.
denn 첨 3D 5D 8D 9D 10D [화자의 관심 표명]
　Wie geht es Ihnen denn? 5D 어떻게 지내십니까?
der 관 [남성 1격] 1T 3D 4T 5T 6D 8Ü 9G 10T
　Der Kuli ist lang. 1T 이 볼펜은 길다.
der 관 [여성 2격] 1G 9T 10Ü
　Wegen der Zeitverschiebung hatte ich einige Schwierigkeiten. 9T
　시차 때문에 나는 어려움이 있었어.
der 관 [여성 3격] 1G 4Gw 5Ü 6T 8T 9D 10T
　Manfred fährt mit der U-Bahn. 4Gw 만프레트는 지하철을 타고 간다.
der 관 [복수 2격] 1G
der 대 [지시. 남성 1격] 4G 8Ü
　Kennst du diesen Mann? Der ist sehr sympathisch. 8Ü 저 남자 아니? 저 사람 아주 호감 가는 남자야.
der 대 [지시. 여성 3격] 4G
deren 대 [지시. 여성 2격] 4G
　　deren 대 [지시. 복수 2격] 4G
derer 대 [지시. 복수 2격] 4G
des 관 [남성 2격] 1G 10D
　Herr Weber war Zeuge des Unfalls. 10D 베버씨는 사고의 목격자였다.
des 관 [중성 2격] 1G
deshalb 9D 10Ü 그래서, 그 때문에
dessen 대 [남성 2격] 4G
dessen 대 [중성 2격] 4G
Deutsch 2T 3D 4Ü 8D 9G 10G 독일어
Deutsche, der/ die 2W 독일사람 (남자/여자)
Deutschkenntnisse *pl* 10G 독일어 지식
Deutschland *n* 2T 5G 6D 7T 8D 10G 독일
Deutschlehrer *m*, - 9Ü 독일어 교사 (남자)
Dezember *m* 5W 12월
dich 대 [인칭. 4격] 6D 9D 너(를)

Wir haben etwas für dich, Gisela. 6D 기젤라야, 우리 너 주려고 뭐 가지고 왔어.
dich 대 [재귀. 4격] 8G
Zieh dich an! 8G 옷 입어!
dichten 10T (시를) 짓다, (작품을) 쓰다
dick 1T 2G 두꺼운, 뚱뚱한
die 관 [여성 1격] 1T 4T 5T 6D 8Ü 9G 10T
Die Tasche ist praktisch. 1T 이 가방은 실용적이다.
die 관 [여성 4격] 1G 3G 4T 6T 8T 9D 10T
Stell die Lampe auf den Tisch! 6D 스탠드를 책상 위에 놓아라!
die 관 [복수 1격] 1G 4T 5Ü 6D 8Ü 9G
Wieso liegen die Kaffeetassen hinter der Tür? 6D
왜 커피잔이 문 뒤에 쓰러져 있는 거냐?
die 관 [복수 4격] 1G 3G 4D 6T 8T 9D 10Ü
Stell die Bücher ins Regal! 6D 책들을 책꽂이에 꽂아라!
die 대 [지시. 여성 1격] 4G 6D
Die steht dir gut, Gisela. 6D 그거 너한테 잘 어울린다, 기젤라야.
die 대 [지시. 여성 4격] 4G 6D
die 대 [지시. 복수 4격] 4D 5Ü
Die kaufe ich. 4D 난 이것들을 살래.
Dienstag *m* 5W 화요일
dies- 관 6T 8Ü 10Ü 이/그
diesmal 5D 이번에
Digitalkamera *f*, -s 7Ü 디지털 카메라
dir 대 5D 6D 8Ü 9T [인칭. 3격]
dir 대 8Ü [재귀. 3격]
Disko *f* (Diskothek의 줄인 말) 5T 디스코텍
doch 아니오 [부정의 질문에 대한 대답]
Hast du keine Schwester? - Doch. 3D
넌 여자 형제가 없니? – 아니, 있어.
doch 첨 2D 7D 8D 9T 10Ü
[동의의 간접적 요청, 명령의 강조]
Wir sagen doch „du", ja? 2D 우리 그렇지만 서로 말을 놓자, 좋지?
Dolmetscherberuf *m*, -e 8D 통역사 직업
donnern 2G 천둥 치다
Donnerstag *m* 5W 7Gw 목요일
Dorf *n*, Dörfer 10Ü 마을
dort 4T 6Ü 7G 8D 9D 저기에, 거기에, 그곳에
draußen 4T 6Ü 8D 밖에
drei 3T 4T 9Ü 셋, 3
dreimal 5D 8D 세 번

dreiundzwanzig 3W 5G 스물 셋, 23
Dreiviertelstunde *f* 5G 45분
dreizehn 3W 5G 열 셋, 13
dreißig 3W 5G 서른, 30
dritt- 7G 세번째의
Dritte Welt 7W 제3세계
Drucker *m*, -er 6Gw 프린터
du 대 [인칭. 1격] 2D 3D 4D 5D 6D 8D 9T 10G 너
dunkel 10Ü 어두운
dünn 1T 얇은, 가는
durch 전 6G 9G 10Ü 통과하여
dürfen 7G 9G ...해도 된다(허락)
Was darf es sein? 7G 뭘 드릴까요?
Durst *m* 6D 갈증, 목마름
duschen 8T 9Ü 샤워하다
duzen 2G 5G 서로 말을 놓다, 말을 낮추다

E

echt 4Ü 정말로, 진짜
Ecke *f*, -n 6T 코너
Ehepaar *n*, -e 3Ü 부부
eilig 9D 급한
ein 관 [남성 1격] 1T 2T 3G 4D 8D 10T
Das ist ein Kuli. 1T 이것은 볼펜이다.
ein 관 [중성 1격] 1T 3G 4D
Das ist ein Buch. 1T 이것은 책이다.
ein 관 [중성 4격] 1G 3G 4T 5D 6T 8D 9Ü 10T
Aber bestellen Sie jetzt ein Taxi! 6T 그리고 지금 택시를 불러 주세요.
eine 관 [여성 1격] 1T 2T 3G 4Ü 9D 10D
Das ist eine Tafel. 1T 이것은 칠판이다.
eine 관 [여성 4격] 1T 3T 4T 5D 6T 8T 9T 10T
Um zehn habe ich eine Verabredung. 6T 10시에 약속이 있어요.
ein- 분리 4G 6T 10Ü
eineinhalb 5G 1½
einem 관 [남성 3격] 1G 5G
seit einem Monat 5G 한 달 전부터
einem 관 [중성 3격] 1G
einen 관 [남성 4격] 1G 3T 4D 5T 6T 8D 9D 10T
einer 관 [여성 2격] 1G
einer 관 [여성 3격] 1G 5D 8Ü
eines 관 [남성 2격] 1G 10T

Wörterverzeichnis 193

eines 괜 [중성 2격] 1G 8D
einfach 4D 7G 9D 10D 간단히, 그냥
　Das Kind lief einfach zwischen den Autos auf die Straße. 10D 그 아이는 그냥 자동차들 사이에서 길 위로 뛰어나왔다.
　Einfach oder hin und zurück? 4D 편도입니까, 왕복입니까?
Einfügen *n*, - 9T (인터넷 이메일 메뉴) 입력
*ein*geladen 분II 9G →*ein*laden
*ein*geschlafen 분II 9G →*ein*schlafen
einhundert 3W (일)백, 100
einhunderteins 3W 백 하나, 101
einig- 9T 몇몇
einigen 10T 일치시키다, 통일하다, *sich über etw.*⁴ ~ 무엇을 합의하여 정하다
*ein*kaufen 5T 7G 9G 사다, 구입하다, 사들이다
Einkaufen *n* 9D 장보기
*ein*laden 4Ü 7G 9G 초대하다
Einladung *f*, -en 8Ü 초대
einmal 4D 5G 6D 7G 9Ü 10Ü 언젠가, 옛날에
eins 1T 3W 5G 하나, 1
eins 6T 괜 한 가지
*ein*schalten 6T (기계 등을) 켜다
*ein*schlafen 9G 잠이 들다
*ein*steigen 4T 승차하다
Einstellung *f*, -en 9T (인터넷 이메일 메뉴) 삽입
*ein*treten 10Ü (실내로) 들어가다
einundeinhalb 5G 1½
einundzwanzig 3W 5G 스물 하나, 21
einverstanden 10T 동의한, 합의된, *mit etw.*³ ~ *sein* 무엇(제안 등)을 받아들이다, …에 동의하다
Einwohner *m*, - 2W 주민
eiskalt 9Ü 얼음 같이 차가운
Elektrotechniker *m*, - 3T 전기 기술자
elf 3W 5G 열 하나, 11Ü
Eltern *pl* 3T 6Ü 7G 8T 10Ü 부모
E-Mail *f*, -s 6Ü 8T 9T 이메일, 전자우편(남부 독일, 오스트리아, 스위스에서는 중성)
E-Mail-Adresse *f*, -n 4Gw 5Ü 이메일 주소
empfehlen 4G 추천하다
empfiehlst 4G →empfehlen
empfiehlt 4G →empfehlen
Ende *n*, -n 4W 5D 7G 끝, 마지막
　zu Ende 7G 끝까지
endlich 6D 10G 마침내, 드디어, 제발

Englisch 2W 영어
Engländer *m*, - 2W 영국 사람 (남자)
Engländerin *f*, -nen 2W 영국 사람 (여자)
entfernt 10T 멀리 떨어진, *weit on etw.*³ ~ 무엇에서 멀리 떨어진
entlang 젠 6G …을 따라
entscheiden 9G 결정하다
entschieden 분II 9G →entscheiden
entschließen 9G (무엇을 하려고) 결심하다
entschlossen 분II 9G →entschließen
entschuldigen 2D 8Ü 9D 용서하다, 사과하다
Entschuldigung *f*,-en 2D 6Ü 8D 용서
er 대 [인칭. 1격] 1T 2T 3T 4T 5T 6T 8Ü 9G 10T 그는, 그 사람은, 그것은
ereignen, sich 10D (무슨 사건이) 일어나다
Erfahrung *f*, -en 8Ü 경험
erfinderisch 10T 상상력이 풍부한
erhalten 7T 얻다, 받다
erholen, sich 8Ü 회복하다
erinnern, sich 2G 8T 기억하다
　Erinnerst du dich an meine Eltern? 8Ü 너 나의 부모님 기억하니?
erklären 9G 설명하다
erkälten, sich 8Ü 감기 걸리다
Erkältung *f*, -en 7G 8Ü 감기
Ermäßigung *f*, -en 할인 7T
erreichen 4G 8Ü 도달하다
erschrecken 9G 깜짝 놀라다, 놀라게 하다
erschrocken 분II 9G →erschrecken
erst 9T 우선, 먼저
erst 첩 3G 7Ü 9T 이제 겨우
　Laura ist erst 15. 3G 라우라는 이제 겨우 열다섯 살이다.
erst- 7D 첫 번째의
　Welches Datum haben wir heute? - Den ersten Juni. 7D 오늘이 몇 일이야? – 6월 1일이야.
Erste-Hilfe *f* 7W 응급처치
erwachen 10T (잠에서) 깨어나다
erzählen 8T 9G 이야기하다, 설명하다
　*on jm./etw.*³ ~ …에 대하여 이야기하다
es 대 [인칭. 1격] 1G 2G 4T 5T 6G 7D 8T 9T 10T 그것은
　Das ist ein Buch. Es ist dick. 1G 이것은 책이다. 이 책은 두껍다.
es 대 [인칭. 4격] 6D
　Steck es in die Waschmaschine! 6D 세탁기에 집

어넣어!
es 대 [비인칭. 1격] 3Ü 6D 8D 9T 10Ü
Es ist schon spät. 4T 이미 늦은 시각이다.
Wie geht's dir? 9T 어떻게 지내니?
Es ging alles viel zu schnell. 10D 모든 일이 너무나 순식간에 일어났어요.
es 대 [비인칭. 4격] 9T
Ich hatte es am Anfang schwer in Korea. 9T 나는 처음에는 한국에 적응하기 힘들었다.
Ich habe es eilig. 9G 제가 좀 급합니다.
essen 4G 7Ü 9G 먹다, 식사하다
Essen *n* 5T 6D 7D 9D 음식
Etui *n*, -s 1T 필통
etwa 4T 5T 8Gw 약, 대략
etwas 대 [불특정. 4격] 5D 6D 7D 10Gw 무엇, 뭔가
euch 대 [인칭. 3격] 5G 6D 9T
Ich zeige euch die Fotos. 6D 너희들에게 사진을 보여줄게.
euch 분II [인칭. 4격] 10Ü
euch 대 [재귀. 3격] 8G
euch 대 [재귀. 4격] 8D
eu(e)r- 관 [소유] 3G 6Ü 너희들의
EUR 7T 유로화 (유럽연합의 화폐단위) 표시 → Euro
Euro *m*, -s 4D 4Gw 9G 유로
Europa 8Ü 10Ü 유럽
Examen *n*, - 5D 시험
exotisch 4D 이국풍의
Extra *n*, -s 9T 기타

F

Fabel *f*, -n 10T 우화
fahren 4T 7T 8Ü 9T 10Ü (차를 타고) 가다
nach Haus fahren 10Ü 차를 타고 집으로 가다
on A über B nach C fahren 4Gw A에서 B를 경유하여 C로 가다
Fahrer *m*, - 10D 운전자
Fahrkarte *f*, -n 4D 7T 차표
Fahrplan *m*, -pläne 7T 기차 시간표
Fahrrad *n* -räder 6G 자전거
fährst 4T 6G 8Ü → fahren
fährt 4T 5T 6G 7T 8Ü 9G → fahren
Fahrt *f*, -en 4T 7D (기차, 자동차 등을 타고) 가기, 운행
fährt ... ab 4T → abfahren

fährt ... los 4T → losfahren
Fahrweg *m*, -e 10D 차도, 찻길
fallen 4G 떨어지다, 넘어지다
falsch 10Ü 잘못된
Familie *f*, -n 3T 8T 가족
fand 10G → finden의 과거형
fangen 4G (붙)잡다
fängst 4G → fangen
fängt ... an 4Ü 5D → anfangen
fängt 4G → fangen
faul 2Ü 게으른
Februar *m* 5W 2월
fehlen 8Ü 결석하다
Fenster *n*, - 3W 7G 8D 9T 창문, 창
Ferien *pl* 3W 8Ü 휴가, 방학
Fernbahnhof *m*, 7T 장거리 기차역
*fern*gesehen 분II 9G → *fern*sehen
*fern*sehen 6Ü 9G TV를 보다
Fernsehen *n* 5G 9D TV
fertig 9Ü 완성된, 마친, 끝난
Das Essen ist ferfig. 9Ü 식사 준비가 다 됐다.
fest- 분리 9D
*fest*nehmen 9D 체포하다
*fest*stehen 4D 확실하다
Film *m*, -e 8T 9Ü 영화
filmen 10G 영화를 찍다
finden 2G 3Ü 4D 6D 8D 9G 10G 찾아내다, ...라고 생각하다
Fisch *m*, -e 4G 생선
Flasche *f*, -n 6G 병
Fleisch *n* 3W 고기 (육류)
fleißig 1T 2Ü 7Ü 9Ü 부지런히, 열심히
fliegen 5D 6T 7G 9D 날다, (비행기를 타고) 가다
Flughafen *m* -häfen 4D 6D 7T 9D 10G 공항
Flug *m*, Flüge 6T 날기, 비행
Flugzeug *n*, -e 7T 비행기
Fluss *m*, Flüsse 6Ü 강, 하천
Foto *n*, -s 5Ü 6D 7Ü 9D 사진
fragen 2Ü 3D 6Ü 7G 10Ü (jn. ~) ...에게 묻다
Frankfurter Allgemeine Zeitung 4D
프랑크푸르트 알게마이네 차이퉁
Frankfurter Buchmesse 4D 프랑크푸르트 도서박람회
Frankfurter Flughafen 4D 7T 9D 프랑크푸르트 공항
Frankreich *n* 2W 6G 프랑스
Franzose *m*, -n 2W 7G 프랑스 사람 (남자)

Wörterverzeichnis **195**

Französin f, -nen 2W 프랑스 사람 (여자)
Französisch 2W 7G 프랑스어
Frau f, -en 1T 2T 3T 4G 5Gw 6T 9D 10G
　부인, 여자; 여자의 성씨 앞에 붙이는 호칭(…씨)
　Das ist Frau Weber. 1T 이 분은 베버 씨입니다.
　seine Frau 3T 그의 아내
frei 8D 비어있는
Freitag m, -e 5T 금요일
freitags 5G 금요일에
Freitagvormittag m, -e 5Ü 금요일 오전
freuen, (sich) 8D 기쁘게 하다, (기쁘다)
　Das Geschenk freut ihn. 8G
　그는 선물을 받고 좋아한다.
　Freust du dich auf die Reise? 8G
　여행이 기대되니?
　Er freut sich über das Geschenk. 8Ü
　그는 선물을 받아서 기뻐한다.
Freund m, -e 1Ü 2G 3W 4T 5Ü 6G 7D 8T 9G
　10G 친구 (남자)
Freundin f, -nen 1Ü 3Ü 4Ü 5Ü 8Ü 9G 친구 (여자)
freundlich 1T 친절한
früh 9Ü 10Ü 이른, 일찍
Frühling m 5W 봄
Frühstück n, -e 8T 9Ü 아침식사
frühstücken 5T 아침 식사하다
fuhr 10G →fahren의 과거형
Führerschein m, -e 6G 7Ü 운전면허증
fünf 3W 6G 다섯, 5
fünfunddreißig 5G, 서른 다섯 35
fünfundfünfzig 5G, 쉰 다섯 55
fünfundvierzig 5G, 마흔 다섯 45
fünfundzwanzig 3W 5G 스물 다섯, 25
fünfzehn 3W 5G 열다섯, 15
fünfzig 3W 4Gw 5G 쉰, 50
für 전 6T 8Ü 8Ü 9Ü …을/를 위해, …에게
　Wir haben etwas für dich, Gisela. 6D
　기젤라, 우리 너 주려고 뭐 좀 가지고 왔어.
　für heute 9Ü (시한) 오늘은
Fuß m, Füße 6G 7G 발
Fußball m, -bälle 2Gw 7G 축구
Fußballspiel n, -e 5Ü 9D 축구경기

G

Gabel f, -n 6Ü 포크
Galerie f, -n 8T 화랑
ganz 4D 6D 8Ü 9D 10T 아주
ganz- 9G 10G 모든, 전체의, 온
　die ganze Nacht 10G 밤새도록
gar 9D 전혀, 몹시
　gar nicht 9D 전혀 …아니다
Gast m, Gäste 8D 손님
Gastgeber m, - 8Ü 주인, 초대자
ge- 분리 4G
geben 4D 5D 6D 9D 주다
　*es gibt + etw.*⁴ …이 있다, 존재하다
gebeten 분II 9G →bitten
geblieben 분II 9G →bleiben
gebracht 분II 9G →bringen
Geburt f, -en 4W 분만, 출산
Geburtstag m, -e 4W 7G 생일
Geburtstagsparty f, -s 9Ü 생일파티
gedacht 분II 9D →denken
Gedanke m, -n 7G 생각, 사고, 사상
gedurft 분II 9G →dürfen
gefahren 분II 9D →fahren
gefallen 분II 9G →gefallen
gefallen 5T 6D 9D (jm. ~) …의 마음에 들다
geflogen 분II 9D →fliegen
gefunden 분II 9G →finden
gefällt 5T 6D 8G →gefallen
gegangen 분II 9D →gehen
gegeben 분II 9G →geben
gegen 전 5T 6G 9D …경, … 무렵, …에 반대하여
　gegen halb neun 5T 8시 반경
　Der Chef ist gegen den Plan. 6G 사장은 그 계획에
　반대한다.
　Bayern München gegen Real Madrid. 9D 바이에
　른 뮌헨 대(對) 레알 마드리드
gegenüber 전 6G …맞은 편에
gegessen 분II 9G →essen
gehabt 분II 9D →haben
gehalten 분II 9G →halten
geheißen 분II 9G →heißen
gehen 2D 3D 4D 5T 6T 7D 8T 9T 10G
　가다, *es geht jm.* …가 어떻게 지내다

geholfen 분II 9D →helfen
Gehweg 10D = Bürgersteig 인도, 보도
gehören 9G 속하다
Geisel f, -n, (드물게) m, - 9D 인질, 볼모
gekannt 분II 9G →kennen
gekommen 분II 9D 10G →kommen
gekonnt 분II 9G →können
geladen 분II 9G →laden
gelaufen 분II 9G →laufen
Geld n, -er 9D 10G 돈
gelegen 분II 9G →liegen
gelesen 분II 9G →lesen
geliehen 분II 9G →leihen
gelitten 분II 9G →leiden
gelten 4G 10T 유효하다, als etw.⁴ ~ ...로 간주되다/ 여겨지다
gemocht 분II 9G →mögen
gemusst 분II 9G →müssen
Gemüse n 3W 채소, 야채
genannt 분II 9G →nennen
genommen 분II 9D →nehmen
gerade 4D 6D 7T 8D 10D 지금 막, 똑바로, 딱히, 반드시
　Renate und Manfred kommen gerade aus Korea zurück. 7T 레나테와 만프레트가 지금 막 한국에서 돌아왔다.
　Nicht gerade schön, aber ... 6D 꼭 좋다고는 할 수 없지만, 뭐 ...
geradeaus 6T 곧바로, 쭉
geradewegs 10Ü 곧장
gerannt 분II 9G →rennen
Germanistik f 2T 독어독문학
gern 2G 4G 5G 7D 8D 10Ü 기꺼이, 즐겨
geschehen 4G 발생하다
Geschäftsmann m, -leute 1Ü 비즈니스맨, 사업가
Geschäftspartner m, - 6T 사업 파트너
geschehen 4G 발생하다
Geschenk n, -e 8G 선물
geschlafen 분II 9G →schlafen
geschrieben 분II 9G →schreiben
Geschwister pl 3T 6D 형제, 자매, 남매
gesehen 분II 9D 10D →sehen
gesessen 분II 9G →sitzen
Gespräch n, -e 6T 대화, 상담
gesprochen 분II 9G →sprechen

gestanden 분II 9G →stehen
gestern 9G 10G 어제
gestiegen 분II 9G →steigen
gestohlen 분II 9G →stehlen
gestoßen 분II 9G →stoßen
Getränk n, -e 4T 음료
getrennt 7T 따로 나누어서
getroffen 분II 9G →treffen
getrunken 분II 9G →trinken
gewaschen 분II 9G →waschen
gewesen 분II 9G 10Ü →sein
gewinnen 9Ü 10T 이기다, 얻다
gewonnen 분II 10T →gewinnen
geworden 분II 9G 10Ü →werden
geworfen 분II 9G →werfen
gewusst 분II 9G →wissen
gezogen 분II 9G 10G →ziehen
gib 6D →geben의 2인칭 단수(du)에 대한 명령형
gibst 4G →geben
gibt 4D 5D 6G 9D →geben
gilt 10T →gelten
ging 10G →gehen의 과거형
Glas n, Gläser 7D 유리, 유리잔, 유리컵
Glaube m, -n 7G 믿음, 신앙
glauben 8D 9D 10D (...라고) 생각하다, 믿다
gleich 5D 6T 8Ü 9D 10Ü 곧바로, 즉시
Gleis n, -e 7T 플랫폼
Glück n, -e 8D 9Ü 행운, 행복
Gott m, Götter 6D 9D 신, 하느님
　Gott sei Dank 9D 다행히도
Grammatik f, -en 1G 2G 3G 4G 5G 6G 7G 8G 9G 10G 문법
gratulieren 9Ü 축하하다
griechisch 10T 그리스의
groß 1T 2G 큰
groß- 8D 큰
Großbritannien 2W 영국
Großeltern pl 9Ü 10Ü 조부모
Großmutter f, -mütter 10Ü 할머니
Grußformel f, -n 2W 인사형식
grüezi! 2W 안녕하십니까!
Grüß dich! 2W 안녕!(친구 사이에) → grüßen
Grüß Gott! 2W 안녕!, 안녕하십니까! → grüßen
grüßen 7G (jn.~) ...에게 인사하다
gucken 4Ü 보다

gut 3G 4D 5T 6D 8D 9D 10G 좋은, 잘
gut- 2D 4D 5D 8D 좋은
Gymnastik *f* 10Ü 체조
günstig 7T 저렴하게

H

Haar *n*, -e 8T 머리카락
hab'(=habe) 6D 9D → haben
haben 3T 4Ü 5D 6D 7T 8D 9D (…을) 가지고 있다, (…에게 무엇이) 있다
halb 5T 7G 9D 반
halb- 5G 10Ü 절반의
　eine halbe Stunde 10Ü 반시간
hallo! 2D 5D 7D 9D 여보세요! 안녕!(만날 때)
halten 4T 8D 9G 멈추다, 유지하다,
　Dort hält der Zug drei Minuten. 4T 그곳에서 기차는 3분간 정차한다.
　Ich halte den Film für ausgezeichnet. 8D 나는 그 영화가 훌륭하다고 생각한다.
hält 4T 8Ü → halten
hältst 4G → halten
Hamburger *m* 7Gw 햄버거
Hand *f*, Hände 3W 8Ü 9Ü 손
handeln 2G 행동하다
Handy *n*, -s 1Ü 3W 4Ü 6Ü 휴대전화기
Handynummer *f*, -n 5Ü 7Ü 휴대폰 번호
hängen 6D 걸다, 걸려 있다
Hase *m*, -n 7G 10T 토끼
hässlich 10T 못생긴
hast 3D 5D 10G → haben
hat 3T 5T 6T 8T 9T 10D → haben
hatte 9T 10T → haben의 과거형
hauen 10G 때리다
Hauptbahnhof *m* -höfe 7T 중앙역
Hauptstadt *f*, -städte 7Ü 수도
Haupttext *m*, -e 9T 편지 본문
Haus *n*, Häuser 3W 5T 6D 7T 9D 10G 집 (건물)
Hausaufgabe *f*, -n 3G 4Ü 6Ü 숙제, 과제
Hausfrau *f*, -en 3Ü 4Ü 주부
Haushalt *m* 3T 살림, 가사
Heft *n*, -e 1T 3W 공책, 노트
*heim*fahren 7G 귀가하다, 귀향하다
heiraten 10G (jn. ~) …와 결혼하다

heißen 2T 9G …로 불리다, 이름이 …이다, …라고 하다
helfen 4G 5G 6Ü 7G 8Ü 9G 돕다
Hemd *n*, -en 6D 셔츠
heran- 분리 10T
*heran*kommen 10T 접근해 오다, 다가오다
Herbst *m*, 5W 가을
herein- 분리 6D
*herein*kommen 6D 들어오다
Herr *m*, -en 1T 2D 3T 4D 5G 6T 7D 8Ü 9D 10D 아저씨, 남자; 남자의 성씨 앞에 붙이는 호칭(…씨)
　Das ist Herr Müller. 1T 이 분은 뮐러 선생님이다.
Herz *n*, -en 7G 심장, 마음
herzlich 8Ü 진심으로
heute 2D 3G 4Ü 5T 7D 8T 9D 10D 오늘
hieb 10G → hauen의 과거형
hielt 10T → halten의 과거형
hier 2T 3D 4D 5D 6D 7Ü 8D 9G 10D 이곳에, 여기에
Hilfe *f*, -n 7W 8Ü 9T 도움
hilfst 4G 5G → helfen
hilft 4G 5T → helfen
hin 4D …으로
　hin und zurück 4D 왕복
hin 7D → wohin
hinter 관 6D …뒤에
hinterher- 분리 10D
　*hinterher*laufen 10D 뒤따라 달려가다
hinters (hinter+das) 6G → hinter
Hof *m* Höfe 4W 울안, 농장
Honig *m* 3G 꿀
hören 2Ü 7D 듣다
holen 7Ü 가서 가져오다, 가서 데려오다
hol's (hole + es) 6D → holen
Hotel *n*, -s 6G 호텔
Hund *m*, -e 6Ü 개
hundert 3W 백, 100
hunderteins 3W 백 하나, 101
Hunger *m* 6D 배고픔, 허기
　Aber Mami, ich hab' Hunger. 6D 하지만 엄마, 나 배고파요.
Hut *m*, Hüte 6Gw 7Ü 모자

I

IC = *I*ntercityzug *m*, -züge 4Ü 7T 특급열차
ICE = *I*ntercityexpresszug *m*, -züge 4D 7T 8Ü
초고속열차
ich 대 [인칭. 1격] 1T 2T 3D 4D 5D 6T 8D 9T
10T 나
Ich bin Studentin. 1T 나는 (여자) 대학생입니다.
ihm 대 [인칭. 남성 3격] 5T 8Ü 10Ü 그에게, 그것에게
Silvia hilft ihm dabei. 5T
질비아는 그때 그를 도와준다.
ihn 대 [인칭. 4격] 4G 5D 6D 7G 8D 10D 그것을,
그를, 그 남자를
*Frau Fischer sucht ihren Rucksack, aber sie
findet ihn nicht.* 4G 피셔 부인은 배낭을 찾고 있는데
그 배낭을 발견하지 못하고 있다.
Ihnen 대 [존칭. 3격] 5D 7G 8Ü 당신에게
Kann ich Ihnen helfen? 7G 제가 도와드릴까요?
ihnen 대 [인칭. 3격] 5G 6G 그들에게, 그것들에게
Ich helfe ihnen gern. 5G
나는 그들을 기꺼이 도와준다.
ihr 대 [인칭. 여성 3격] 5T 9G 그녀에게, 그것에게
Er erzählt ihr von seiner Reise nach Korea. 9G
그는 그녀에게 한국여행에 대하여 설명해준다.
ihr 대 [인칭. 복수 1격] 2D 3G 4Ü 5G 6G 8D 9D
너희들
Ihr fahrt zu schnell. 6G 너희들은 너무 빨리 달린다.
ihr- 관 [소유. 3인칭 단수] 3T 5Ü 7T 8T 9G 10G 그
여자의
Gisela trägt ihren Rucksack. 4T
기젤라는 배낭을 맨다.
ihr- 관 [소유. 3인칭 복수] 3T 6G 그들의
Renate und Manfred besuchen ihre Schwester.
6G 레나테와 만프레드가 여동생 집을 방문한다.
Ihr- 대 [소유. 존칭] 3D 5Gw 6G 10G
존칭. 당신의, 댁의
Geben Sie Ihrem Führerschein einen Sinn! 6G
당신의 운전 면허증에 의미를 부여하세요!
im (in+dem) 5D 6G 7G 8D 9Ü 10Ü → in
immer 9D 10G 늘, 항상, 줄곧, 언제나
in 전 ...에서 2T 3T 4T 5T 6T 7T 8T 9T 10G
in Korea 9T 한국에서
(Alles) in Ordnung. 4D 됐습니다.
informieren 4G 정보를 제공하다
Gisela informiert sich über die Preise. 4G 기젤라
는 가격을 알아본다.
Ingenieur *m*, -e 8Ü 기술자
ins (in+das) 5T 6T 7G 8T 9Ü 10Ü → in
Insel *f*, -n 10T 섬
interessant 6D 흥미로운, 재미있는
Interesse *n*, -n 8D 관심, 흥미
interessieren, (sich) 8T 9G 관심을 끌다, (관심, 흥미
를 갖다)
Der Film interessiert mich. 8G 이/그 영화는 내게
흥미롭다.
Ich interessiere mich für den Film. 8G 나는 이/그
영화에 관심이 있다.
Interview *n*, -s 5Gw 인터뷰
inzwischen 10Ü 그러는 동안에, 그 사이에
iss ... auf 6Ü → *auf*essen의 2인칭단수(du)에 대한 명
령형
isst 4G → essen
ist 1T 2T 3T 4T 5T 6T 8T 9T → sein
Italien *n* 2W 3Ü 이탈리아
Italiener *m*, - 2W 이탈리아 사람 (남자)
Italienerin *f*, -nen 2W 이탈리아 사람 (여자)
Italienisch 2W 7Ü 이탈리아어

J

ja 2D 3D 5T 6D 8D 9D 10D [대답] 예, 그래, 그래요
Ja, ich komme aus Deutschland. 2D 예, 저는 독
일에서 왔습니다.
Wir sagen doch „du", ja? 2D (동의나 확인을 나타
내는 표현) 우리 서로 말 놓자, 응?
ja 전 5T 9D 10Ü [주지의 사실 확인]
Das ist ja toll! 9D 그것 멋진데!
Es ist ja Wochenende! 5T 주말이잖아요.
Jacke *f*, -n 8Gw 재킷, 상의
Jahr *n*, -e 3T 5D 7Ü 나이, 살
Jahreszeit *f*, -en 5W 계절
Januar *m* 5W 1월
Japan *n* 2W 3G 8Ü 일본
Japaner *m*, - 2W 일본 사람 (남자)
Japanerin *f*, -nen 2W 일본 사람 (여자)
Japanisch 2W 일본어
Japanologie 2W 일어일문학

jed- 대 9G 각자
  Jeder hat zwei Euro bekommen. 9G 각자 2유로씩 받았다.
jetzt 2T 4D 5T 7T 8D 9T 지금, 현재, 이제
jeweils 4T 각각
Juli *m* 5W 7월
Junge *m*, -n 7G 소년
Jungs *pl* 6G 소년들
Juni *m* 5D 7D 6월
Jura *f* 2D 법학

K

Kaffee *m*, -s 5G 6T 7D 8Ü 커피
Kaffeepause *f*, -n 5G 커피를 마시는 휴식 시간
Kaffeetasse *f*, -n 커피잔
Kalender *m*, - 6D 달력
kam 10T → kommen의 과거형
Kamera *f*, -s 1Ü 4Ü 카메라, 사진기
kämmen, (sich) 8T 머리를 빗기다, (빗다)
  Der Vater kämmt die Tochter. 8G 아버지가 딸의 머리를 빗어준다.
  Der Vater kämmt sich. 8G 아버지는 (머리를) 빗으신다.
kann 7T 8Ü 9D → können
  Mit der BahnCard kann man günstig fahren. 7T 기차 할인카드로 저렴하게 이용할 수 있다.
Kanne *f*, -n 6Ü 주전자
kannst 9Ü → können
kannte 10G → kennen의 과거형
Käppchen *n*, - 10Ü Kappe의 축소형
Kappe *f*, -n 10Ü (머리에 달라붙는) 모자
kaputt 6T 7Ü 고장난, 망가진
Karte *f*, -n 4D 표, 지도
Kartoffel *f*, -n 7Gw 감자
kaufen 4T 6G 7T 8G 9G 10D 사다, 구입하다
Kaufmann *m*, -leute 3T 상인, 상업종사자
kein- 관 3T 4Ü 5G 6D 7G 8D 9D 10G
  Habt keine Angst! 6G 걱정 들 하지 마!
Kellnerin *f*, -nen 7Ü 종업원 (여자)
kennen 3G 4G 7G 8Ü 9G (누구를) 알다
kennen lernen 10Ü (누구를) 알게 되다, 사귀게 되다
Kind *n*, -er 1G 3T 4G 6G 7D 8Ü 9G 10D 아이, 자식, 자녀

Kino *n*, -s 5T 6G 7G 8T 영화관
Kiosk *m*, -e 10Gw (신문, 잡지, 담배, 음료 등을 파는) 가판점, 노점
Klammeraffe *m*, -n 4Gw (인터넷 주소의 영어 표기 at) @
klar 2D 분명한
  Ja, klar. 2D 그래, 물론이지.
klasse 8Gw 훌륭한
  Das finde ich klasse. 8Gw 나는 그게 훌륭하다고 생각해.
Klavier *n*, -e 2Gw 피아노
Kleid *n*, -er 8Ü, 10Ü 원피스
klein 1T 2G 작은
klingeln 2G 9Ü 10Ü (초인종, 전화, 자명종 등이) 울리다, 벨을 울리다
klug 10T 똑똑한, 영리한
Kochen *n* 9Gw 요리
kochen 5T 요리하다, 음식을 만들다
Kollege *m*, -n 7G 8Ü 동료
komisch 6G 이상한, 우스꽝스러운
kommen 2T 3G 4Ü 5T 6T 7D 9G 10G 오다, 가다
Konferenz *f*, -en 5D 대규모 (학술)회의
König *m*, -e 10Gw 왕, 임금
Königspalast *m*, -paläste 9D 왕궁
können 7D 8D 9G 10G ...할 수 있다, ...할 줄 알다
konnte 9D 10G → können의 과거형
Kontakt *m*, -e 8D 접촉, 교제
Konzert *n*, -e 8T 콘서트
Korea *n* 2G 8T 9T 대한민국
Koreaner *m* - 1G 2T 3Ü 한국 사람 (남자)
Koreanerin *f*, -nen 2G 한국 사람 (여자)
Koreanisch 2W 4G 8D 9D 한국어
koreanisch- 2W 한국의
  koreanische Literatur 2W 한국문학
Koreanistik *f* 2T 한국어문학
kosten 4Ü 값이 ...이다
krank 8Ü 10Ü 아픈, 병든
Krankenhaus *n*, -häuser 7G 병원
Kreditkarte *f*, -n 4D 신용카드
kriechen 10T 기어가다
Krimi *m*, -(s) 4G 5Gw *Kriminalroman* (추리소설) 또는 *Kriminalfilm* (범죄영화)의 줄임말
kroch 10T → kriechen의 과거형
Küche *f*, -n 6D 부엌
Kuchen *m*, - 7G 10Ü 케이크, 과자
Kühlschrank *m*, -schränke 6D 냉장고
Kuli *m*, -s (*Kugelschreiber*의 줄임말) 1T 3W 볼펜

Kultur *f*, -en 8T 문화
Kunde *m*, -n 7G 9D 고객
Kunst *f*, Künste 8T 예술
Kuratorin *f*, -nen 8D 큐레이터 (여자)
Kurs *m*, -e 5T (어학) 코스, 강좌
kurz 1T 7Ü 8Ü 9G (시간, 길이, 공간) 짧은, 무엇을 바로 앞두고 있는
Kusine *f*, -n 3Ü 사촌 (여자)

L

lächeln 2G 미소를 짓다
lachen 10T (소리내어) 웃다
laden 4G 9G 싣다
Laden *m*, Läden 4D 상점, 가게
lädst 4G →laden
lädt ... ein 4 5D 9Ü →*ein*laden
lädt 4G →laden
Lampe *f*, -n 1Ü 3Ü 6D 전등, 램프
Land *n*, Länder 2W 나라, 지방
landen 7T 10G 착륙하다
Ländername *m*, -n 2W 나라 이름
Landschaft *f*, -en 4T 전경, 경치
lang 1T 긴
lange 3Ü 5D 6G 7G 9G 10G 길게, 오래
langsam 2Ü 4T 6G 10T 느린, 느리게, 천천히
las 10G →lesen의 과거형
lassen 4G 6G 그만두다, ...을 하게 하다
laufen 4G 6G 9G 10Ü 뛰다, 달리다
läufst 4G →laufen
läuft 4G 6Ü →laufen
laut 6Ü (소리가) 큰, 크게
leben 2Ü 3T 10T (...에) 살다
Leben *n*, - 8Ü 10G 삶, 생활, 인생
Lebensmittel *pl* 3W 식료품
ledig 3D 결혼하지 않은, 미혼의
legen (sich) 6T 10T (...에 눕혀) 놓다, (눕다)
Lehrbuch *n*, -bücher 4W 교재
lehren 2Ü 4W 가르치다
Lehrer *m*, 2G 3T 3W 6Ü 7G 8Ü 9G
  교사 (남자), 선생님 (고등학교이하)
Lehrerin *f*, -nen 2G 3T 7G 8Gw 선생, 교사 (여자)
leicht 1Ü 8Ü 9Gw 가벼운, 쉬운, 쉽게
Leid *n*, 6D 7Ü 9G 고뇌, 슬픔, 괴로움

Tut mir Leid, aber ... 6D 죄송해요, 하지만 ...
leiden 9G 견디다, 고생하다
leider 9Ü 유감스럽게도, 아깝게도
leihen 9G 빌리다, 빌려주다
leise 6G 조용히
Lektion *f*, -en, 1T 2T 3T 4T 5T 6T 7T 8T 9T 10T (교재의) ...과
lernen 2T 3D 7Ü 8T 9G 10G 배우다, 공부하다
lesen 4G 6D 7G 9G 10G 읽다
letzt- 5D 10Ü 마지막, 지난
  im letzten Jahr 5D 작년에
  im letzten Sommer 10Ü 지난 여름에
Leute *pl* 3W 4T 8Ü 10G 사람들
lieb- 9T 사랑스런
  Liebe Gisela 9T 사랑하는 기젤라에게
lieben 3T 사랑하다
lieber 7D 차라리
Liebesfilm *m*, -e 8T 애정영화
lief 10D →laufen의 과거형
liegen 2Ü 6D 7G 9G 10Ü
  놓여 있다, ...에 있다
lies 6D →lesen의 2인칭 단수(du)에 대한 명령형
liest 4G →lesen
Lineal *n*, -e 1T 자
los 8D 떨어진
  Ich muss los. 8D 나 빨리 가야해.
los- 4Ü 10T
*los*fahren 4T 출발하다
*los*rennen 10T 달려나가다
lügen 7G 거짓말하다
Lust *f*, Lüste 5D 10Ü (...하고 싶은) 마음
  Ich habe keine Lust. 10Ü 나는 마음이 내키지 않아.
lustig 10T 즐거운, 유쾌한
  Er machte sich über die Schildkröte lustig, ... 10T 그는 거북이를 놀렸다.

M

machen 2D 3T 4T 5T 6T 7G 8D 9D 10T
  만들다, 일하다, 하다
  Was machst du heute? 2D 오늘 너 뭐하니?
  das Abitur machen. 3T
  대학입학 자격시험을 치르다.
  einen Stadtbummel machen. 4D 시내구경을 하다.

Mach's gut! 8D 잘해봐!
Mädchen *n*, - 3W 6Ü 10Ü 여자아이, 소녀, 아가씨
mag 7D →mögen
Mai *m* 5W 7Gw 5월
mal (= einmal) 4D 5D 6D 8D 9D 10Ü
→einmal
Mal *n*, -e 7W 때, 번
Mami *f*, -s 6D 엄마
man 대 6D 7T 8Ü 9D (일반주어) 사람들, 누군가, 누구든지 (문장 중에서는 흔히 해석을 하지 않는다)
Die trägt man beim Maskentanz. 6D 탈춤 출 때 이걸 쓰지.
Mit der BahnCard kann man günstig fahren. 7T 기차표 할인카드가 있으면 저렴하게 갈 수 있다.
Mann *m*, Männer 1G 2T 3G 4G 6G 8Ü 9D 10G 남자, 남편
Mantel *f*, Mäntel 6Ü 8Ü 외투, 가운
Marktplatz *m*, -plätze 6Ü 시장
Marmelade *f* 3G 잼
März *m* 5W 7G 3월
Maschine *f*, -n 10G 비행기
Maske *f*, -n 6D 탈, 가면
Maskentanz *m*, -tänze 6D 8T 탈춤
Matheunterricht *m*, -e 7Ü 수학수업
mehr 9T 더, 더 많은
  keine Probleme mehr haben 9T 더 이상 문제가 없다
mein- 관 [소유] 3D 5G 6T 7D 9D 4G 8Ü 9Ü 10D 나의
  meine Großeltern besuchen 9Ü 나의 조부모님을 방문하다
Meinung *f*, -en 10Gw 생각, 견해
Menge *f*, -n 9D 다량, 수량
  eine Menge Andenken 9D 많은 기념품들
Mensch *m*, -en 7G 8D 인간, 사람
Messe *f*, -n 4G 견본시, 큰장
Messer *n*, - 6 칼
mich 대 [인칭. 4격] 6G 9T 8D 10Ü 나를
mich 대 [재귀. 4격] 8D
  Ich freue mich schon darauf. 8D 나는 벌써 그것이 기대된다.
Miete *f*, -n 10Gw 집세, 방세
mieten 8Ü 세 들다
Milch *f* 3W 우유
Minute *f*, -n 4T 5G 6G 8G 9Gw 10Ü 분

mir 대 [인칭. 3격] 5D 6D 8Ü 9D 10D 나에게
  Es geht mir gut, danke. 5D 고마워 나는 잘 지내.
  Tut mir Leid. 6D 유감이다.
mir 대 [재귀. 3격]
  Ich rasiere mir den Bart. 8Ü 나는 수염을 깎는다.
mit 전 4D 6T 7T 8T 9D 10T (...와) 함께; (...을) 가지고; (...을) 타고; (나이가 ...살이) 되면서
  Fliegt sie allein? - Nein, mit ihrem Mann zusammen. 6G 그 여자 혼자 가나요?(비행기로) – 아니오. 남편도 같이 가요.
  Ein Kind spielte auf dem Bürgersteig mit dem Ball. 10D 어떤 아이가 인도에서 공을 가지고 놀고 있었다.
  Ich fahre mit der Straßenbahn ins Büro. 10Ü 나는 전차를 타고 출근한다.
  Schon mit 20 Jahren musste ich Geld verdienen. 10Ü 나는 스무 살이 되면서부터 벌써 돈을 벌어야 했다.
mit- 분리 4D 6T 9D 10Ü
*mit*bringen 6T 9Ü 가져가다, 가져오다
*mit*gebracht 분II 9G →*mit*bringen
*mit*gehen 9Ü 함께 가다
*mit*kommen 4Ü 7Ü 6G 10Ü 함께 오다, 가다
*mit*nehmen 4Ü 6G 7Ü 10Ü (사람을) 데리고 가다, 물건을 가지고 가다
  Nehmen Sie mich ein Stück mit, bitte! 6Ü 조금만 (예를 들어, 버스 정류장 또는 지하철역까지) 태워 주시겠어요!
*mit*reisen 4T 함께 여행하다
Mittag *m*, -e 5W 10Ü 정오, 한낮
  zu Mittag essen 10Ü 점심을 먹다
Mittagessen *n*, - 5T 점심 식사
Mittagspause *f*, -n, 8D 점심 시간
Mittagsschlaf *m* 10T (점심식사 후의) 낮잠
Mitternacht *f*, -nächte 5W 자정
Mittwoch *m* 5W 수요일
mm 6D (의성어. 음식을 맛볼 때 내는 소리) "음!"
Möbel *n*, - 3W 가구
möchte 7T 8D 9D →mögen
mögen 7D 8D 9Ü ...을 좋아하다
  Mögen Sie Beethoen? 7G 베토벤을 좋아하나요?
  Das mag sein. 7G 그럴수도 있지. 그럴지도 모르지
möglich 10Gw 가능한
möglichst 8T 가능한 한
Moment *m*, -e 4D 5D 7Ü 순간
  einen Moment bitte! 4D 잠시만요!
Monat *m*, -e 5G 5W 7D 8D 월, 달

Montag *m*, -e 5G 5W 월요일
morgen 4D 5D 6T 7D 9D 내일
Morgen *m*, - 5G 5W 6T 7D 아침
morgens 5T 10Ü 아침에, 아침마다
müde 9Ü 10G 피곤한
Museum *n*, Museen 8T 9D 박물관
Musik *f*, -en 8Ü 음악
Musiker *m*, - 7Ü 음악가
muss 7D 8T 9D 10Ü →müssen
müssen 7T 9T 10Ü ...해야 한다, 하지 않을 수 없다, ..임에 틀림없다.
musste 9T 10Ü →müssen의 과거형
Mutter *f*, Mütter 3T 4Ü 6D 7G 8Ü 9Ü 10Ü 어머니

N

na 7Ü 그래 (단념을 나타냄)
   Na gut. 7Ü 그래 좋아.
nach 전 4T 5T 6T 7T 8T 9D 10T
   ... 으로(목적지); ...에 따르면; ...후에
   Ich fliege heute Abend nach Frankfurt. 6T
   나는 오늘 저녁에 (비행기로) 프랑크푸르트로 간다.
   der Überlieferung nach 10T
   전해 오는 얘기에 따르면
   nach dem Essen 7D 식사후에
nach- 분리 4G 6T 7T
Nachbar *m*, -n 7G 이웃
Nachbarin *f*, -nen 8Ü 이웃집 사람 (여자)
nachdem 접 10G ...한 뒤에
Nachmittag *m*, -e 5T 10D 오후
*nach*sehen 4Ü 7T 조사하다, 확인해보다
nächst- 다음의 8D
   nächste Woche 8D 다음 주에
Nacht *f*, Nächte 3W 5W 10G 밤
nachts 5G 밤에
Nähe *f*, -n 7Ü 근처
Name *m*, -n 1Ü 3G 7G 이름
natürlich 9Ü 물론
neben 전 6G 옆에
nehmen 4G 6D 7T 9G 잡다, 받다, 취하다, 이용하다
   Gisela nimmt ein Taxi. 4T 기젤라는 택시를 탄다.
   Nehmen Sie Platz! 6G 앉으세요!
nein 2G 3D 4G 5D 6T 7D 8Ü 9D [대답] 아니, 아니오.
nennen 9G 10Ü 부르다, 명명하다

nett 1T 4Ü 7D 상냥한, 친절한
   Das ist nett von dir. 7D
   (고마움을 나타내는 표현)
neu 1Ü 4Ü 새로운
neugierig 4T 9D 호기심이 많은
neun 3W 5T 6T 9T 아홉, 9
neunundzwanzig 3W 스물 아홉, 29
neunzehn 3W 5G 열아홉, 19
neunzig 3W 아흔, 90
nicht 3G 4D 5D 6D 8T 9D 10T
   [부정어] ...않다, ...아니다
   Ich bin nicht erheiratet. 3G 나는 결혼을 하지 않았다.
nichts 대 5D 9Ü 10Ü [부정어] 아무 것도 (...아니다)
   Ich habe noch nichts or. 5D 나는 아직 아무 계획도 없어.
niedrig 10Gw 낮은
niemand 대 10Gw [부정어] 아무도 (...아니다)
nimm 6D 7D 10Ü →nehmen의 2인칭 단수(du)에 대한 명령형
nimmst 4G 6Ü →nehmen
nimmt 4T →nehmen
noch 첨 2T 3D 4D 5T 6T 7D 8Ü 9D 10Ü
   아직, 또
   Er geht noch zur Schule. 3D
Notizbuch *n*, -bücher 7T 수첩, 메모장
November *m* 5W 11월
null 3W 5G 영, 제로, 0
Nummer *f*, -n 4W 번호
nur 첨 3D 4Ü 6Ü 7Ü 9Ü 10T ...뿐, ...만
   Gerda hat nur einen Bruder. 3G 게르다는 남자형제만 하나 있다.

O

oben 4D 7G 위에
Ober *m*, - 7D 웨이터
Obst *n*, - 3W 과일
oder 접 4D 5D 7D 8D 혹은, 또는, 아니면
offen 4D 열려있는
öffnen 2G 10Ü 열다
oft 5D 8T 9D 10G 자주, 종종
oh! 4D 6D (감탄을 나타내는 말) "오!" "아!"
ohne 전 6G 9Ü ...없이
okay! 5G 6D 오케이!

Oktober *m* 5W 10월
Oma *f*, -s 3W [아동어] 할머니
Onkel *m*, - 10Ü 부모의 남자 형제, 부모의 여자형제의 배우자
Orangensaft *f*, -säfte 8D 오렌지 쥬스
Ordnung *f*, -en 4D 6T 7D 질서, 정리
　In Ordnung. 4D 좋습니다.
originell 6D 독특한
Österreich *n* 2W 오스트리아
Österreicherin *f*, -nen 6Ü 오스트리아 사람 (여자)

P

paar (ein) 5D 9T 두서넛, 약간, 몇
　ein paar Tage 5D 며칠
Palast *m*, Paläste 9D 궁전
Papiere *pl*, 6T 서류
Papierkorb *m*, -körbe 6D 휴지통
Park *m*, -s 3W 6Ü 10Ü 공원
parken 7G 10D 주차하다
Party *f*, -s 3W 5D 10Ü 파티
passen 2G 5D 6D 어울리다, 적합하다, (치수가) 맞다
passieren 9G 10D (일/사건이) 일어나다
Pause *f*, -n 6G 휴식
Pech *n*, -e 8Gw 9Ü 역청, 불운, 곤경
　Ich habe Pech. 8Gw 나는 운이 없다.
pflücken 10Ü 꺾다, 따다
Physik *f*, 2G 물리학
Pizza *f*, -s 7Gw 피자
Plan *m*, Pläne 6G 7Ü 계획
Platz *m*, Plätze 4T 6G 8D 자리, 광장
Politik *f*, -en 8Gw 정치
Polizei *f*, -en 6Gw 9D 경찰(서)
Polizist *m*, -en 7G 10D 경찰(관)
Post *f*, -en 6Ü 우체국
Präsident *m*, -en 7G 회장, 대통령
prima 8Gw 뛰어난, 탁월한
　Das finde ich prima. 8Gw 나는 그것이 아주 좋다고 생각해.
probieren 8T (시도)해보다
　Probieren geht über Studieren. 8T 백번 공부하는 것보다 한 번 경험하는 것이 낫다(百聞不如一見).
Problem *n*, -e 8D 문제
Professor *m*, -en 1T 2Ü 3D 5D 8Ü 9Ü 교수 (남자)
Professorin *f*, -nen 1T 2G 5Ü 교수 (여자)

Programmierer *m*, - 3T 8Ü 프로그래머
prost! 6D 건배!
Prüfung *f*, -en 5Ü 7G 시험
Punkt *f*, -e 4Gw 점
Puppe *f*, -n 4D 인형
putzen, (sich) 2G 8T 청소하다, (이를 닦다)
　Sie putzt sich die Zähne. 8T 그녀는 이를 닦는다.

R

Radiergummi *m*, -s 1T 고무지우개
rannte 10T → rennen의 과거형
rasen 2G 질주하다, 미친 듯이 달리다
rasieren, sich 8G 면도하다
　Ich rasiere mir den Bart. 8G 나는 수염을 깎는다.
　Ich rasiere mich. 8G 나는 면도한다.
rät 4G → raten
raten 4G 조언하다
Rathaus *n*, -häuser 6Gw 시청
rätst 4G → raten
rauchen 7G 9Ü 담배 피우다, 흡연하다
Rauchen *n* 7Ü 흡연
Real Madrid 9D 레알 마드리드 프로축구팀
rechnen 2G 9G 10G 계산하다
Rechnung *f*, -en 7D 계산(서)
rechts 6G 오른쪽, 오른쪽으로
Rechtschreibung *f*, -en 9T 맞춤법, 정서법
reden 9G 10G 말하다, 연설하다
Regal *n*, -e 6D 서가, 선반, 시렁
Regen *m* 7G 비
Regenschirm *m*, -e 6Ü 우산
regnen 2G 9G 10G 비 오다
　Es regnet. 9G 비가 온다.
reich 1Ü 부유한
Reihe *f*, -n 10D 열, 줄
　eine Reihe Autos 10D 많은 자동차들
Reise *f*, -n 4T 5D 7Ü 8Ü 10Ü 여행
Reisebüro *n*, -s 6T 여행사
Reisegruppe *f*, -n 8Ü 여행단체
rennen 9G 10T 뛰다, 달리다
Rennen *n*, - 10T 달리기
Rock *m*, Röcke 6Gw 스커트, 치마
Roman *m*, -e 6Ü (장편) 소설
Romanistik *f* 2W 로망스 어문학 (프랑스, 스페인, 이탈

리아 어문학)
Rotkäppchen 10Ü (그림 동화에 나오는) 빨간모자 소녀
Rücken *m*, - 8Ü 등
Rückfahrt *f*, -en 4D (갔다) 돌아옴, 귀환
Rucksack *m*, -säcke 1T 4T 6G 배낭
rufen 6T 부르다
Ruhe *f* 6G 평온
ruhig 6G 조용히, 평안히
Russe *m*, -n 2W 러시아 사람 (남자)
Russin *f*, -nen 2W 러시아 사람 (여자)
Russisch 2W 러시아어
Russistik *f* 2W 러시아어 문학
Russland *n* 2W 러시아

S

Sache *f*, -n 4D 사물, 일
sagen 2D 4Gw 6T 7T 8D 9G 10Ü 말하다
Salat *m*, -e 7Gw 샐러드
Samstag *m*, -e 5W 6Ü 7G 9Ü 토요일
Samstagabend *m*, -e 5D 토요일 저녁
Satz *m*, Sätze 9G 문장
sauer 9Ü 신, 불쾌한
saß 10G →sitzen의 과거형
schade 10Ü 유감스런
schauen 6D 8G 보다
Schauspieler *m*, - 6Ü 배우 (남자)
Schauspielerin *f*, -nen 10Ü 배우 (여자)
scheinen 10Ü 빛나다, 비치다
schelten 4G 꾸짖다
schenken 10Ü 선물하다
schicken 8T 보내다
Schildkröte *f*, -n 10T 거북
schlafen 4G 6Ü 7G 9G 잠자다, 자다
schlafend 10T 잠을 자고 있는 →schlafen
schlecht 5D 10G 나쁜, 형편없는
schließen 9Ü 닫다, 잠그다
schließlich 10T 결국, 마침내
schläfst 4G →schlafen
schläft 4G 6Ü →schlafen
Schlüssel *m*, - 7Ü 9Ü 열쇠
schmecken 6D 맛있다
schmutzig 6D 더러운
schneiden 10G 자르다

schnell 2Ü 4G 6G 9Ü 10T 빠른, 빨리
schnitt 10G →schneiden의 과거형
Schnitzel *n*, - 4D 7D 커틀릿
Schokolade *f*, -n 7G 9G 초콜릿
schon 3T 4T 5D 7T 8T 9D 10T 벌써, 이미
schön 1G 4D 5D 6D 7G 8D 9T 10G 예쁜, 아름다운, 좋은
Schrank *m*, Schränke 6G 장롱
schreiben 8D 9D (글을) 쓰다
Schreibtisch *m*, -e 1T 책상
Schuh *m*, -e 6Ü 신, 신발
Schule *f*, -n 1Ü 3D 7Gw 8Ü 10Ü (초, 중, 고등)학교
Schüler *m*, - 6G (초, 중, 고등)학생 (남자)
Schülerin *f*, -nen 1Ü (초, 중, 고등)학생 (여자)
Schweiz *f* 2W 6G 스위스
schwer 1Ü 9T 힘든, 어려운, 무거운
Schwester *f*, -n 3T 6D 7Ü 8Ü 여자형제(누나, 언니, 여동생), 자매
Schwierigkeit *f*, -en 9T 어려움, 곤란
schwimmen 7D 9Ü 수영하다
sechs 3W 5T 6T 8Ü 9D 10Ü 여섯, 6
sechst -7G 여섯번째의
sechsundfünfzig 5Ü 쉰 여섯, 56
sechsundzwanzig 3W 스물 여섯, 26
sechzehn 3W 5G 열 여섯, 16
sechzig 3W 예순, 60
sehen 4T 8D 9D 보다
sehr 3T 8Ü 9D 10G 아주, 매우, 대단히
sei 6G 9D →sein의 2인칭 단수(du)에 대한 명령형
Sei ruhig! 6G 조용히 해, 진정 해!
seid 2G 5G 6G 9G →sein의 2인칭 복수(ihr)에 대한 명령형
seien 6G →sein의 존칭(Sie)에 대한 명령 / 요구형
sein 1G 2G 4T 6T 7G 8T 9G ...이다, 있다, 존재하다
sein- 관 [소유] 3T 4G 6T 7D 8Ü 9G 10T 그의, 그것의
seit 전 5G 8Ü ...이래로
Sekretärin *f*, -nen 6T 비서 (여자)
Sekunde *f*, -n 5G 초 (시간의 단위)
senden 8Gw 보내다
Senf *m*, -e 7Gw 겨자
September *m* 5W 7G 9월
servus! 2W 안녕하십니까!
setzen, (sich) 6G 8D 앉히다, (앉다)
Setzen Sie das Kind auf den Stuhl! 6D 아이를 의자에 앉히세요!
Sie setzen sich ans Fenster. 8D

그들은 창가에 앉는다.
sich 대 [재귀. 존칭 4격] 8G
　Setzen Sie sich! 앉으세요! 8G
sich 대 [재귀. 3인칭 단수 3격] 8G
　Christina wäscht sich die Hände. 8G
　크리스티나는 손을 씻는다.
sich 대 [재귀. 3인칭 단수 4격] 8G
　Christina wäscht sich. 8G 크리스티나는 씻는다.
sich 대 [재귀. 3인칭 복수 3격] 8T
　Sie sehen sich den Film „Der Chat" an. 8T
　그들은 영화 "접속"을 관람한다.
sich 대 [재귀. 3인칭 복수 4격] 8T
　Sie unterhalten sich über den Film. 8T
　그들은 영화에 대하여 이야기 나눈다.
sicher 분명히 7D
Sicherheit *f*, -en 9T (인터넷 이메일 메뉴) 보안
Sie 대 [인칭. 존칭 1격] 2T 3D 4D 5D 6T 7D 8Ü 9G 10D 당신(들)은
　Wer sind Sie? 1T 누구십니까?
Sie 대 [인칭. 존칭 4격] 9D 당신(들)을
　Frau Schönberg, ich muss Sie unterbrechen. 9D
　쇤베르크씨, 제가 말씀을 끊어야 하겠습니다.
sie 대 [인칭. 여성 1격] 1T 2T 3D 4T 5T 6T 7T 9D 10T 그 여자, 그녀, 그것
　Das ist Frau Weber. Sie ist Professorin. 1T
　이 분은 베버 씨다. 교수님이다.
sie 대 [인칭. 여성 4격] 4Ü 6D 8Ü 10Ü
　그 여자를, 그것을
　Stell die Lampe auf den Tisch!
　- Ich stelle sie auf den Tisch. Was noch? 6D
　스탠드를 책상 위에 놓아라. – 책상 위에 놓죠. 또 뭐 할까요?
sie 대 [인칭. 복수 1격] 3T 4T 5T 6Ü 8T 9D 10T
　그들은, 그것들은
　Wo sind die Kinder? - Sie spielen unter dem Baum.
　6Ü 아이들은 어디 있어요? – 나무 밑에서 놀고 있어요.
sie 대 6D 10Ü [인칭. 복수 4격] 그들을, 그것들을
　Wieso liegen die Kaffeetassen hinter der Tür? Gib sie mir! 6D 왜 커피 잔이 문 뒤에 쓰러져 있는 거냐? 이리 줘!
sieben 3W 5T 일곱, 7
siebenundzwanzig 3W 스물 일곱, 27
siebzehn 3W 5G 열 일곱, 17
siebzig 3W 일흔, 70
sieh 6G 8Ü 10Ü → sehen의 2인칭 단수(du)에 대한 명령형

siehst 4G → sehen
sieht 4G → sehen
Siemens 3T 지멘스 (독일 회사)
siezen 2G 5G 존칭 Sie로 부르다, 존대말을 쓰다
sind 2T 3T 4T 8Ü 9D 10T → sein
Sinologie *f* 2W 중국학
sitzen 6G 9G 10G 앉아 있다
Sklave *m*, -n 10T 노예
Slawistik *f* 2W 노어노문학, 슬라브어문학
so 5D 6D 8D 9D 10T 그래서, 그렇게, (감탄사) "자!"
　Ach so! 9D 아, 그러세요!
sofort 6D 9D 즉시, 곧, 당장
Sohn *m*, Söhne 3T 6D 7Ü 아들
soll 7T 8Ü 10T → sollen
sollen 7T 8Ü 9G 10T …해야 한다, …라고 한다
Sommer *m* 5D 10Ü 여름
Sonnabend *m*, -e 5W 토요일
Sonne *f*, -n 9G 10Ü 해, 태양
Sonntag *m*, -e 5W 8T 일요일
sonst 6T 7D 8Ü 그밖에, 그렇지 않으면
　Sonst noch etwas? 6T
　그밖에 또 원하는 게 있습니까?
　Sonst erreicht ihr den Zug nicht. 8Ü
　그렇지 않으면 기차를 잡지 못해요.
Sorge *f*, -n 8Ü 근심, 걱정
sowieso 10T 그렇지 않아도, 어차피
Spaghetti *pl* 7D 스파게티
Spanien *n* 2W 8Ü 스페인
Spanier *m*, - 2W 스페인 사람 (남자)
Spanierin *f*, -nen 2W 스페인 사람 (여자)
Spanisch 2W 스페인어
Sparkasse *f*, -n 9D 슈파르캇세 (독일에서 가장 흔한 마을금고/은행)
spazieren 7G 9D 10G → spazieren gehen
spazieren gehen 7G 9D 10G 산책하다
　Trotz des Regens gehen sie spazieren. 7G
　비가 오는데도 불구하고 그들은 산책한다.
Spaziergang *m*, -gänge 4Gw 산책
Spaß *m*, Späße 5D 5T 9D 재미, 즐거움
　Viel Spaß noch! 5D 재미있는 시간 많이 보세요! 즐겁게 지내세요!
spät 4T 5T 8T 10G 늦은, 늦게
später 7T 나중에
Speichern *n* 9T (인터넷 이메일 메뉴) 저장
Speisewagen *m*, - 7D (기차의) 식당칸
Spiel *n*, -e 9Gw 시합, 경기, 연주

spielen 2D 3Ü 6Ü 7G 10D 놀다, 운동하다, 시합하다, 연주하다
  Wir spielen heute Tennis. 2D 우리는 오늘 테니스를 친다.
  Wir spielen Kla ier. 2Gw 우리는 피아노를 연주한다.
Spielplatz *m*, -plätze 6Ü 놀이터
Sport *m*, -e 8Gw 운동, 스포츠
Sprache *f*, -n 2W 언어
Sprachkurs *m*, -e 5G 어학코스
sprang 10D → springen의 과거형
sprechen 4G 6G 9G 10Ü 말하다
sprich 6G → sprechen의 2인칭 단수(du)에 대한 명령형
sprichst 4G → sprechen
spricht 4G 5D → sprechen
Sprichwort *n*, -wörter 8T 속담
Stadt *f*, Städte 4W 7Gw 9G 10G 도시
Stadtbummel *m*, - 4D 9D 시내관광, 시내구경
Stadtmitte *f*, -n 8T 시내 중심가
Stadttheater *n*, - 5D 시립극장
stand 10D → stehen의 과거형
Standardtarif *m*, -e 7T 표준요금
statt- 4D
*statt*finden 4D 개최되다
stecken 6D (…에 끼워) 넣다, (…에 끼어) 있다
stehen 6D 7T 8Ü 9G (서) 있다, 적혀 있다, 어울리다
  Unter dem Tisch steht der Papierkorb. 6G 탁자 밑에 휴지통이 있다.
  Was steht hier? Lies mal! 6D 여기 뭐라고 쓰여 있니? 읽어봐!
  Dieses Kleid steht dir gut. 8G 이 원피스가 너에게 잘 어울린다.
stehlen 4G 9G 훔치다
steigen 4G 9G 오르다, 타다
Stelle *f*, -n 8Ü 일자리, 위치
stellen 6D 10D (세워) 두다, 놓다
sterben 9G 죽다
Stock *m*, -Stöcke 7W 층
stoßen 4G, 9G 부딪히다
Strauß *m*, Sträuße 10Ü 꽃다발
Straße *f*, -n 6G 10D 거리, 길, 도로
Straßenbahn *f*, -en 10Ü 전차
Strecke *f*, -n 10T 구간
Stück *n*, -e 6Ü 7G 조각
  Ein Stück Kuchen bitte. 7G 케이크 한 조각 주십시오.

Nehmen Sie mich ein Stück mit, bitte! 6Ü 조금만 (예를 들어, 버스 정류장 또는 지하철역까지) 태워 주시겠어요!
Student *m*, -en 1T 2T 3G 4Ü 8Ü 9Ü 대학생 (남자)
Studentenleben *n* 8T 대학생활
Studentin *f*, -nen 1T 2T 8Ü 대학생 (여자)
Studiengang *m*, -gänge 2W 전공 과정
studieren 2T 3T 8T 9G 10G (대학에서 …을) 전공하다
Studieren *n* 8T 연구
Studium *n*, Studien 10G 대학 공부, 학업
Stuhl *m*, Stühle 6G 8Ü 의자, 걸상
Stunde *f*, -n 4T 5T 7G 시간
suchen 4T 8Ü 9G 찾다
super 8Gw 매우 좋은, 훌륭한
Suppe *f*, -n 6Ü 7Ü 수프
sympathisch 8Ü 호감이 가는

T

tadeln 2G 꾸중하다, 탓하다
Tafel *f*, -n 1T 칠판
Tag *m*, -e 2D 3W 4D 5G 9T 10T 날, 일
  Tag, Han-gi! 2D 안녕, 한기!
  eines Tages 10T 어느 날
Tagebuch *n*, -bücher 4W 일기장
Tageszeit *f*, -en 5W 하루 중 때
Tageszeitung *f*, -en 4W 일간신문
Tango *m*, -s 5T 탱고춤
tanzen 2G 5D 7Gw 춤추다, 무용하다
Tanzen *n* 5Ü 춤추기
Tanzkurs *m*, -e 5T 무용 강좌
Tasche *f*, -n 1T 3G 4W 6T 가방, 주머니
Taschenbuch *n*, -bücher 4W 8Ü 포켓판의 책
Tasse *f*, -n 6Ü 7D 8Ü (찻)잔
  eine Tasse Kaffee 8Ü 커피 한 잔
tat 10G → tun의 과거형
Täter *m*, - 9D 범인
tatsächlich 9D 실제로
Taxi *n*, -s 4T 6T 7G 택시
Techniker *m*, - 3G 기술자
Telefon *n*, -e 4W 전화
Telefonnummer *f*, -n 4W 전화번호
Teller *m*, - 6Ü 접시
Tennis *n* 3Ü 테니스

Termin *m*, -e 8Gw 공식적인 시간 약속 (병원, 미용실)
  Ich habe einen Termin. 8Gw 나 약속 있어.
Theater *n*, - 2Gw 5G 8T 9Ü 10Ü 극장, 연극
Theaterkarte *f*, -n 5D 연극티켓
Tier *n*, -e 3G 동물
Tierfabel *f*, -n 10T 동물우화
Tisch *m*, -e 1G 6T 7G 테이블
Titel *m*. - 7Ü 제목, 표제
Tochter *f*, Töchter 3T 8Ü 딸
toll 4D 8D 9D 근사한, 훌륭한, 멋진
Tourist *m*, -en 8Ü 관광객 (남자)
traf 10T →*treffen*의 과거형
tragen 4T 6D 10Ü 가지고 가다, 지니고 있다, (...을) 쓰고/입고 있다.
  Gisela trägt ihren Rucksack. 4T 기젤라 배낭을 맨다.
  Die trägt man beim Maskentanz. 6D 탈춤 출 때 이것을 쓴다.
trägst 4G →*tragen*
trägt 4T 6D →*tragen*
Traumberuf *m*, -e 8D 장래 희망 직업
träumen 10Ü 꿈꾸다
treffen 4G 5G 9G 10Ü 만나다, *sich mit jm. ~* 누구와 만나다
treten 4G (발을) 디디다
triffst 4G →*treffen*
trifft 4G 5D 7D 9D →*treffen*
trinken 5G 6D 7D 9G 마시다
tritt 4G →*treten*
trittst 4G →*treten*
trocknen 2G 말리다, 건조시키다
trotz 전 7G ...에도 불구하고
trotzdem 10G 그럼에도 불구하고, 그런데도
tschüs(s)! 2D 5D 8D 안녕!
tüchtig 8Ü 유능한
tun 2G 6D 8Ü 9G 10G 행동하다, (어떤 행위를) 하다
  Tut mir Leid, aber ... 6D 죄송해요, 하지만 ...
  Mir tut der Rücken weh. 8Ü 나는 등이 아프다.
Tunnel *m*, - 6G 터널
Tür *f*, -en 1T 6D 7G 10Ü 문

U

U-Bahn (*Untergrundbahn*) *f*, -en 4Gw 8Ü 지하철

U-Bahnstation *f*, -en 8T 지하철역
über 전 4T 6G 7D 9Ü ...위에, ...에 관하여, 경유하여
  Es gibt keine Brücke über dem Fluss. 6Ü 강 위에는 다리가 없다.
  Gisela unterhält sich mit Nami über ihren Traumberuf. 8D 기젤라는 나미와 함께 장래희망에 대하여 이야기한다.
  Der Zug fährt über Daejeon. 4T 그 기차는 대전을 경유한다.
überfallen 분II 9D →*überfallen*
überfallen 9D 습격하다
überhaupt 9G 도대체, 도무지
Überlieferung *f*, -en 10T 전해오는 이야기
Überraschung *f*, -en 5D 기대치 않은 일, 사건
  Das ist eine Überraschung! 5D 그거 참 놀라운 일이군요!
übersetzen 9Ü 번역하다
übertragen 9G 중계하다
überträgt 9D →*übertragen*
übrigens 6D 그런데, 그건 그렇고
Übung *f*, -en 1Ü 2Ü 3Ü 4Ü 5Ü 6Ü 7Ü 8Ü 9Ü 10Ü 연습, 연습문제
Uhr *f*, -en 1T 4T 5T 6T 7T 8G 9G 시계, 시(시간의 단위)
  Das ist eine Uhr. 1Ü 이것은 시계이다.
  Der Zug fährt um zehn Uhr on Seoul ab. 4T 기차는 10시에 서울에서 출발한다.
Uhrzeit *f*, -en 5W 시각
um 전 4T 5T 6T 7T 9D 10T ...쯤에, ...을 돌아, (몇 시)에
  um 550 *or Christus* 10T 기원전 550년 경에
  Karin biegt um die Ecke. 6G 카린은 길 모퉁이를 돌아간다.
  Sie kommt um acht Uhr ins Büro. 6T 그 여자는 8시에 출근한다.
um- 분리 9G
*um*gesehen 분II 10D →*umsehen*
*um*gezogen 분II 9G →*umziehen*
ums (um+das) 6G →*um*
umsehen, sich 10D (주위를) 살펴보다
umsteigen 4G 갈아타다
umstellen 9T 조정하다, 맞추다
  Ich musste mich wieder umstellen 9T 나는 다시 시차에 적응해야만 했어.
  Renate stellt die Uhr um. 9G 레나테는 시계를 맞춘다.

umstellen 9D 에워싸다, 포위하다
  Die Polizei hat die Bank umstellt. 9D 경찰이 은행을 포위했다.
umziehen 9G 10Gw 이사하다, 옷을 갈아입다
unbedingt 9Ü 무조건
und 대 2T 3T 4T 5T 6T 8T 9T 10T
  그리고, ..와/ 과, ..도
Unfall *m*, Unfälle 10D 사고
Uni *f*, -s (Universität의 줄임말) 5Ü 9Ü 대학(교)
Uni-Bibliothek *f*, -en 5T 대학 도서관
Universität *f*, -en 1Ü 5T 6Gw 9Ü 10G 대학(교)
uns 대 [인칭. 3격] 5G 8D 우리에게
  Okay, das passt uns gut. 5G
  오케이, 그러면 우리는 좋아.
uns 대 [인칭. 4격] 6T 9T 우리에게, 우리를
  Vati hat uns am Bahnhof abgeholt. 9T 아빠가 우리를 역으로 마주 나오셨어.
uns 대 [재귀. 3격] 8G
uns 대 [재귀. 4격] 8D
  Setzen wir uns ans Fenster! 8D 우리 창가에 앉자!
unser- 관 [소유] 3G 6T 9G 우리의
unter 전 6G 10T ...아래에
unter- 분리 9G
unterbrechen 9D 중단시키다
unterbricht 9Ü → unterbrechen
*unter*gegangen 분II 9G → *unter*gehen
*unter*gehen 9G (해가) 지다
unterhalten 분II 9D → unterhalten
unterhalten, sich 8T 9G (...와 ...에 대해) 대화를 나누다/이야기하다
  Sie unterhalten sich über den Film. 8T
  그들은 영화에 대하여 이야기를 나눈다.
unterhielt 10G → unterhalten의 과거형
Unterricht *m*, -e 2D 3G 4Ü 5Ü 8Gw 수업, 강의
Unterstrich 4Gw *m*, -e 밑줄
Urlaub *m*, -e 8Ü 9D 휴가
USA *pl* 8Ü 미국
USB-Stick *m*, -(e)s, -s USB

variable Breite *f*, -n 9T (인터넷 이메일 메뉴) 가변 자간 글꼴
Vater *m*, Väter 3T 4G 5Gw 6Ü 8Ü 9G 아버지

Vati *m*, -s 9D 아빠
verabreden, sich 10 Ü 누구와 약속하다
  Ich habe mich mit ihm verabredet. 10Ü 나는 그와 약속을 했다.
Verabredung *f*, -en 6T 8T 약속
verabschieden, sich 8T 헤어지다
  Gisela verabschiedet sich von Nami. 8T 기젤라는 나미와 헤어진다.
verbessern 10G 개선하다, 향상시키다
verbieten 7Ü 금지하다
verboten 분II 7Ü → verbieten
verdienen 10G (돈을) 벌다
vergessen 분II 10Ü → vergessen
vergessen 8Ü 9Ü 10Ü 잊다
verheiratet 3T 결혼한, 기혼의
verkaufen 9G 팔다
verlangen 9D 요구하다
verlassen 분II 10Ü → verlassen
verlassen 4T 10Ü 떠나다
verlieren 8Gw 9Ü 잃어버리다
  mit jm. den Kontakt ~ 누구와 연락이 끊기다
vermissen 9D 그리워하다
verschicken 8Gw(여러 통의 편지 이메일 또는 물건을) 보내다
versenden 8Gw(여러 통의 편지, 이메일 또는 물건을) 보내다
versprechen 9G 약속하다
versprochen 분II 9G → versprechen
verspäten, sich 8Ü 지각하다
verstand 10G → verstehen의 과거형
verstehen 8D 10G 이해하다, 알아듣다
verwachsen 10T 기형의, 불구의
viel 2Ü 5T 8T 9D 10D 많은 [정도를 나타내는 부사 강조]
  Viel Spaß! 9D 즐거운 시간 많이 보내세요!
  viel zu schnell 10D 너무나 빨리
viel- 9D 많은
vielleicht 5D 혹시
vier 3W 5T 넷, 4
Viertel *n*, - 5T ¼, (시간으로) 15분
Viertelstunde *f* 5G 15분
vierundzwanzig 3W 5G 스물넷, 24
vierzehn 3W 5G 열넷, 14
vierzig 3W 5G 마흔, 40
voll 6D 8D 가득 찬, 가득
vom (von+dem) 6G 7D 10T → von
von 전 4T 5T 6G 7T 8D 9D 10G ...에서부터/ ...로 부터

Wörterverzeichnis **209**

Der Zug fährt on Seoul ab. 4T 기차가 서울에서부터 출발한다.
  on zu Hause aus 7T 집에서부터
  on 1986 bis 1987 10G 1986년부터 1987년까지
vor 전 5T 6T 7D 9D 10T ... 앞에, 전에
  or dem Theater 9Ü 극장 앞에서
  or Mitternacht 9G 자정이 되기 전에
  or allem 9D 특히, 무엇보다
vor- 분리 4G
vorbei 7D (시간적으로) 지나간
vorbei- 분리 10T
  orbeikriechen 10T 기어서 지나가다
  orhaben 5D
  Was hast du am Wochenende or? 5D 주말에 무슨 일 계획하고 있니?
Vorhang *m*, -hänge 6Ü 커튼, 막
vorher 9G 10D 사전에, 미리
Vorlesung *f*, -en 5T 8D (교수가 원고를 읽는) 강의
Vormittag *m* 5W 9D 오전
vors (vor+das) 6G → vor
  orstellen, sich 9Ü 생각해보다, 상상하다
Vorstellung *f*, -en 8T (영화)상영
Vorwahl *f*, -en 5Ü 지역번호, 앞 번호

W

Wagen *m*, - 3W 6T 7G 8Ü 차, 자동차
Wahnsinn *m* 9D 광기, 미친 짓
wahr 7D 진실한, 정말인
  Nicht wahr? 7D 그렇지?/ 그렇지요?/ 안 그래?
während 전 7D 8T ...하는 동안에
wahrscheinlich 10D 아마, 십중팔구는
Wald *m*, Wälder 3W 10Ü 숲
wandern 2G 이리저리 돌아다니다, 방랑하다
wann 4T 5D 7D 8Ü 9Ü 언제
war 9D 10T → sein
warm 8Ü 따뜻한, 더운
warten 6D 7G 8T 9G 10G 기다리다
  auf jn⁴./etw⁴. ~ 누구/ 무엇을 기다리다
warum 7Ü 8Ü 9Ü 10T 왜, 무엇 때문에, 어째서
was 4D → etwas
was [의문. 1격] 1T 4D 5D 6D 8Ü 9D 무엇, 무엇이
  Was ist das? 1T 이것은 무엇입니까?
  Was steht hier? 6D 여기 뭐라고 쓰여 있어?
was [의문. 4격] 2T 3G 6D 7D 10D 무엇을, 무엇
  Was macht er? 2T 그는 무엇을 합니까?
Wäsche *f*, -n 6Ü 빨래

waschen, (sich) 4G 8G 9G 씻어주다, (씻다)
  Die Mutter wäscht sie. 8G 어머니가 그 여자아이를 씻어 준다.
  Die Mutter wäscht sich. 8G 어머니는 씻는다.
Waschmaschine *f*, -n 6D 세탁기
Wasser *n*, - od. Wässer 9Ü 물
Webadresse *f*, -n 4Gw 웹주소
Wecker *m*, - 9Ü 10Ü 자명종시계
weg 3Ü (어느 장소로부터 멀어져 감을 의미)
  ~ *sein* 떠나고/가고 없다
Weg *m*, -e 10Ü 길
wegen 전 7G 9T ...때문에
weggegangen 분Ⅱ 10Ü → weggehen
weggehen 10Ü 떠나다, 가버리다
weh 8Ü 아픈
  Mir tut der Rücken weh. 8Ü 나는 등이 아프다.
Wehrdienst *m* 군복무 10G
weil 분리 10T ...때문에
Weile *f* 10Ü (일정하지 않은, 길지 않은) 시간, 동안
Wein *m* 7D 10Ü 포도주
weinen 3G 울다
weit 10T 먼, 멀리
weiter- 분리 6G
weiter 4Ü 9D 계속해서, 계속
*weiter*machen 6D 계속하다
weiß 8G → wissen
weißt 5G 8D 9T → wissen
welch- 대 5W 7D 어떤
  Welches Datum haben wir heute? 7D 오늘 며칠이지요?
Welt *f*, -en 7W 세계, 세상
Weltkrieg *m*, -e 7W 세계대전
weltweit 10T 세계적으로, 온 세상에서
wem 대 [의문. 3격] 6G 8Ü 누구에게
  Wem gibt der Sohn die Kaffeetassen? 6G 그 아들은 누구에게 커피잔을 줍니까?
wen 대 [의문. 4격] 6G 8Ü 누구를
  Wen besuchen Renate und Manfred? 6G 레나테와 만프레드는 누구를 찾아 갑니까?
wenig 10G 적은, 많지 않은
wenn 접 10T ...이라면, ...인 경우에는, ...할 때마다
wer 대 [의문. 1격] 1T 2Ü 4Ü 5G 6G 8Ü 10Ü 누구, 누가
  Wer ist das? 1T 이 사람은 누구입니까?
Werdegang *m* 10G 성장과정, 이력
werden 8D 9G 10Ü (...이/ ...하게) 되다

werfen 4G 9G 던지다
Werkstatt *f*, -stätten 6T 수리공장, 자동차 공업소
wessen 대 6G 누구의
   Wessen Buch ist das? 이것은 누구의 책입니까?
Wetter *n* 7G 8Ü 9D 10G 날씨
Wettrennen *n*, - 10T 달리기 시합
widmen 2G 바치다, 헌정하다
wie 2T 4D 5T 6Ü 7Ü 9T 10D 어떻게, 얼마나
   Wie heißt der Mann? 2T 그 남자의 이름은 무엇입니까?
   Wie lange hält der IC? 4D 특급열차는 얼마나 오래 동안 정차합니까?
   Wie komme ich zum Bahnhof? 6G 역으로 어떻게 갑니까?
   Wie war's? 9D 어땠니?
   wie der Blitz 10T 번개처럼 (빨리)
wie viel- 3D 얼마나 많은
   Wie iele Geschwister hast du denn? 3D 너 형제자매가 몇이야?
wie 접 10T ...처럼
wieder 2G 4D 8D 9T 10Ü 다시
wieder- 분리 9G
wiedergesehen 분II 9G → *wieder*sehen
wiederholen 9G 반복하다
Wiedersehen *n* 2D 재회
   (Auf) Wiedersehen! 2D 안녕히 계십시오!/안녕!
Wiener Schnitzel 4D 비엔나 슈니첼 (송아지고기 커틀릿)
wieso 6D 어째서, 왜
wievielt- 7W 몇 번째의
   Der Wie ielte ist heute? 7W 오늘은 며칠입니까?
will 7T 8T 9T 10G → wollen
Wille *m*, -n 7G 의지
willst 7D 8Ü → wollen
Winter *m* 5W 겨울
wir 대 [인칭. 1격] 2D 3G 4Ü 5G 6D 8D 9D 10G 우리, 우리들은
wird 8D → werden
wirklich 5Ü 7D 9D 실제로, 정말로
wirst 8G → werden
wissen 2Gw 6Gw 8Ü 9D 알다
WM = *W*elt*m*eisterschaft *f*, -en 5G 세계선수권대회
wo ... hin 10Ü = wohin
wo 2T 3G 4Ü 5G 6G 7D 9D 10D 어디, 어디에
Woche *f*, -n 4W 5W 8D 주(週)
Wochenende *n*, - 4W 5T 7G 주말
wochenlang 9D 몇 주일 동안

Wochentag *m*, -e 5W 요일
wofür 8D ...에 대하여
   Wofür interessiert ihr euch? 8D 너희들은 무엇에 관심이 있니?
woher 2T 6G 8Ü 어디에서, 어디로부터
wohin 4G 5G 6G 7D 어디로
   Wohin gehst du? 6G 어디 가니?
   Wo gehst du hin? 7D 너 어디 가니?
wohnen 2T 3T 5G 7Ü 10Ü (...에) 살다, 거주하다
Wohnung *f*, -en 8Ü 아파트, 주택, 집
Wolf *m*, Wölfe 10Ü 늑대
wollen 7T 8T 9D 10T ...하려고 하다, 원하다
womit 8G 무엇으로
   Womit fährst du? 8G 너는 뭐타고 가니?
woran 8Ü ...에 대하여
   Woran denkst du? 8Ü 너는 무엇을 생각하니?
worauf 8G 무엇을 향하여
   Worauf wartest du? 8G 뭐 기다리니?
   - Auf den Bus. 버스 (기다려)
   Worauf wartest du noch! 8G 빨리 안하고 뭐하니!
Wort *n*, Wörter 2W 5W 7G 단어, 말
Wörterbuch *n*, -bücher 4W 사전
worüber 8Ü ...에 대하여
   Worüber unterhalten sie sich? 8Ü 그들은 무엇에 대하여 이야기 하니?
wovon 9D ...에 대해서
   Wo on denn? 9D 무엇에 대해 말입니까?
wunderbar 9D 놀라운, 경이로운, 멋진
wunderschön 4D 6D 아주 아름다운, 대단히 아름다운, 멋진
wünschen 5D 7D 원하다, 바라다, 기원하다
   Sie wünschen? (=Was darf es sein?) 무엇을 드릴까요?
Wurst *f*, Würste 7Gw 소시지

Z

Zahl *f*, -en 3W 수(數)
zahlen 7D 계산하다
Zahn *m*, Zähne 8T 이, 치아
zehn 3W 5T 6T 8Ü 열, 10
zeichnen 2G 그리다
zeigen 6D 7Ü 보여주다, 제시하다
Zeit *f*, -en 3G 4Ü 5G 9D 10G 시간

Zeitung *f*, -en 4D 신문
Zeitverschiebung *f*, -en 9T 시차
Zeuge *m*, -n 10D 증인, 목격자
ziehen 9G 10G 당기다, 끌다
Ziel *n*, -e 10T 목표점, 목적지, 목표
ziemlich 8D 상당히
Zigarette *f*, -n 7Ü 10D 담배
Zimmer *n*, - 3W 6D 7G 방
zog 10G →ziehen의 과거형
zu 전 5T 6T 9D 10G ...에게, 에게로, ...로
   Am Nachmittag gehen Sie zu Frau Meyer! 6T 오후에 마이어씨에게 가세요!
   zu Hause 9D 집에
   zur Geburtstagsparty 9Ü 생일파티에 (목적, 용도)
   zum Glück 9Ü 운이 좋게도
zu 6G 9Ü 10T 너무, 지나치게(부정의 의미)
   Du fährst zu schnell. 너 너무 빨리 달린다.
zu- 분리 9G
Zucker *m*, - 6G 설탕
zuerst 5D 6T 10Ü 우선, 먼저, 처음에, 처음에는
zufällig 9G 우연히
Zug *m*, Züge 4T 6G 7T 8Ü 기차
zum (zu+dem) 7T 8Ü 10G →zu
*zu*machen 9G 닫다
zur (zu+der) 3D 5T 9Ü 10Ü →zu
zurück- 분리 4G 6G 9G 10Ü
*zurück*fahren 4D (차량으로) 돌아오다/가다
*zurück*fliegen 9G (비행기로) 되돌아오다
*zurück*kommen 4Ü 6G 7T 10Ü 돌아오다/가다
zurzeit 5D 9T 현재, 지금, 요즘
zusammen 6G 7T 8T 함께, 같이
zusammensuchen 6T 찾아 모으다
   Suchen Sie vordem Gespräch alle Papiere zusammen. 6T 상담 전에 모든 서류를 준비하세요.
zwanzig 3W 5G 스물, 20
zwei 3T 4Ü 5T 9D 둘, 2
zweihundert 3W 이백, 200
zweimal 5G 8D 9G 두 번
   zweimal oder dreimal im Monat 8D 한 달에 두 번 또는 세 번
zweit 7W 두 번째의
   zu zweit 7W 둘이서, 둘씩
zweiundzwanzig 3W 5G 스물 둘, 22
zwischen 전 5T 6G 10D ...사이에서, ...사이로
zwo 5D (zwei와 같음) 둘, 2
zwölf 3W 5G 열둘, 12

인명 색인

이름 (Vornamen)

Albert *m* 1T
Alex *m* 1Ü 9G
Alexander *m* 3Ü
Andreas *m* 7Ü
Angela *f* 1T
Anna *f* 3Ü
Anne *f* 7Ü 9G
Armin *m* 5Ü
Birgit *f* 3G
Brigitte *f* 3G
Christian *m* 8Ü
Christina *f* 4G
Clara *f* 1T
Daniel *m* 3D 4Ü 7G 8Ü 9D
Erika *f* 3G
Eva *f* 6Ü
Franz *m* 1Ü
Gerd *m* 3G
Gerda *f* 3G
Gisela *f* 1T 2T 3T 4T 7T 8T 9T
Hans *m* 1T 2T 3Ü
Helga *f* 10G
Helmut *m* 7D
Jasmin *f* 5Ü
Jens *m* 5D
Joachim *m* 5Ü
Jochen *m* 4Ü
Johann *m* 1T
Jürgen *m* 7D
Kai *m* 5G
Karin *f* 5Ü 6T
Kathrin *f* 5Ü
Katrin *f* 4Ü
Klaus *m* 6T 7Ü
Konrad *m* 1T
Laura *f* 3G 4G
Lena *f* 9G
Ludwig *m* 1T
Luisa *f* 3Ü
Manfred *m* 3D 4D 5T 6D 7T 8Ü 9D

Maria *f* 1T 3G
Marie *f* 6G
Markus *m* 5Ü
Martin *m* 1Ü 5G 8Ü
Michael *m* 3Ü 6T
Monika *f* 3G 6Ü 9Ü
Nina *f* 5Ü
Nora *f* 3Ü
Olaf *m* 4G 7Ü 9Ü
Peter *m* 1T 2T 3G 4Ü 9Ü 10G
Petra *f* 3G 5G
Ralf *m* 3G
Renate *f* 3Ü 6D 7T 8Ü 9D
Robert *m* 2Ü
Sabine *f* 1T 5D
Silvia *f* 5T 9D
Stefan *m* 9G
Sylvia *f* 9Ü
Thomas *m* 2Ü 7Ü 9Ü
Tobias *m* 5Ü
Udo *m* 7Ü
Ursula *f* 7Ü
Ute *f* 7Ü
Walter *m* 10Ü
Wolfgang *m* 1T 5Ü

Kunze 1Ü 3T
Lang 7D
Lohmann 3Ü
Luther 1T
Meier 1T 2Ü 4Ü 9G
Merkel 1T
Meyer 6G
Müller 1T 5Ü 6Ü 9Ü
Neumann 1T 2T 5D 7D
Rupp 7Ü
Schmidt 3G 4Ü 5G 6Ü 7G 9Ü
Schulz 3G 7G
Schumann 1T
Schäfer 3Ü
Schönberg 6T 9D
Theresia 1T
Völler 1T
Weber 1T 2G 3Ü 4Ü 5D 10D
Wecker 6Gw
Zimmermann 10Ü

성 (Familienname)

Adenauer 1T
Aesop/Äsop 10T
Becker 10Ü
Beethoven, van 1T 7G
Böhmer 6T
Braun 2G
Einstein 1T
Faust 5D
Fischer 3Ü 4G 8Ü
von Goethe 1T
Hermann 2Ü
Herodot 10T
Hinck 2Ü
Kafka 1Ü
Koch 3Ü
Krüger 6T 9D

지명 색인 (Ortsnamen)

Aachen 3Ü
Bayern 2W
Berlin 2G 4D
Bonn 4G
Brandenburg 4D
Frankfurt 2G 4D 6T 7T
Hamburg 3T 4D 7T 8Ü 9T
Hannover 2G 4Ü
Heidelberg 10G
Jena 2G
Kanada 5G
Koblenz 4G
Köln 4Ü 6G
Leipzig 2G 3Ü
Mainz 4Ü
Mallorca 9D
München 2G 3D 4G 5Ü 10G
Münster 9Ü
New York 5D
Paris 2Ü 9Ü
Prag 5G
Rom 10Ü
Russland 5G
Salzburg 3Ü
Samos 10T
Stuttgart 2G
Wien 4D
Würzburg 4Ü

문법 용어 색인

격 (Kasus)
1격 (Nominativ) 1G 3G 4G 7G 8G
2격 (Genitiv) 1G 2G 3G 4G 6G 7G 8G
3격 (Dativ) 1G 2G 3G 4G 6G 7G 8G
4격 (Akkusativ) 1G 2G 3G 4G 6G 7G 8G
관사의 격변화 3G
명사의 격변화 7G

관사 (Artikel)
관사의 격변화 3G
부정의 불특정관사 3G
불특정관사 (unbestimmter Artikel) 1G 3G
소유관사 (Possesivartikel) 3G 7G
전치사와 특정관사의 축약 6G
지시관사 (Demonstrativartikel) 8G
특정관사 (bestimmter Artikel) 1G 3G
특정관사어미변화 8G

대명사 (Pronomen)
3격 재귀대명사 8G
4격 재귀대명사 8G
의문대명사 (Interrogativpronomen) 1G 6G
인칭대명사 (Personalpronomen) 1G 2G 4G 6G 8G
재귀대명사 (Reflexivpronomen) 8G
전치사 + 대명사 8G
지시대명사 (Demonstrativpronomen) 1G 4G 8G

동사 (Verben)
3격 목적어를 취하는 동사 5G
3격 및 4격 목적어를 취하는 동사 6G
4격 목적어를 취하는 동사 3G
brauchen zu + 동사원형 7G
du 명령형 6G
*haben*과 결합하여 현재완료를 이루는 동사 9G
ihr 명령형 6G
*sein*과 결합하여 현재완료를 이루는 동사 9G
Sie 명령형 6G
wir 청유형 6G
강변화동사 (starke Verben) 9G 10G
과거 (Präteritum) 9G 10G
과거어간 10G
과거완료 (Plusquamperfekt) 10G
과거인칭어미 10G

과거형 9G 10G
동사 + 전치사 8G
동사어간 2G 6G 9G 10G
동사원형 2G 4G 7G 10G
동사의 위치 2G
동사의현재인칭변화 2G 3G 4G 8G
명령법 (Imperativ) 6G
변모음 4G 6G
본동사 7G 9G
분리접두어 (trennbare Präfixe) 4G 9G
분리동사 (trennbare Verben) 4G 9G
분사 II (Partizip II) 9G 10G
비분리접두어 (untrennbare Präfixe) 4G 9G
비분리동사 (untrennbare Verben) 4G 9G
약변화동사 (schwache Verben) 9G 10G
어간모음 4G 6G 10G
완료에서 *sein*과 결합하는 강변화동사 9G
재귀동사 (reflexive Verben) 8G
재귀동사 + 전치사 8G
타동사 (transitive Verben) 8G
토대동사 9G
현재완료 (Perfekt) 9G 10G
현재인칭변화 2G 3G 4G
혼합변화 9G 10G
혼합변화동사의 분사 II 9G
화법조동사 (Modalverben) 7G 9G

명사 (Substantiv)
2격 어미 7G
단수 (Singular) 1G 2G 3G 7G
명사의 격변화 7G
명사의 성 (Genus) 1G 3G 4G
명사의 수 (Numerus) 2G 3G
복수 (Plural) 1G 2G 3G 4G 7G
복수형 3G
복수형 어미 *-nen* 2G
복합어 (Kompositum) 4G
여성형 *-in* 2G
전치사 + 명사 8G
토대어 4G
한정어 4G
합성명사 4G

목적어 (Objekt)
2격 목적어 (Genitivobjekt) 7G

3격 목적어 (Dativobjekt) 3G 6G
3격 목적어를 취하는 동사 5G
3격 및 4격 목적어를 취하는 동사 6G
4격 목적어 (Akkusativobjekt) 3G 6G 8G
비인칭 목적어 *es* (unpersönliches Objekt es) 9G

문장 (Satzarten)
복합문장 (zusammengesetzter Satz) 10G
부문장 (Nebensatz) 10G
서술문 (Aussagesatz) 2G 7G
예/아니오 물음문 (*ja/nein*-Fragesatz) 2G
의문사 물음문 (*W*-Fragesatz) 2G
주문장 (Hauptsatz) 10G
명령법 (Imperativsatz) 6G
직설법 6G

부정 (Negation)
nicht, *kein-* 3G
부정의 불특정관사 3G

성 (Genus)
남성 (maskulin) 1G 2G 3G 4G
여성 (feminin) 1G 2G 3G 4G
중성 (neutral) 1G 3G 4G

수 (Numerus)
단수 (Singular) 1G 2G 3G 7G
명사의 수 2G 3G
복수 (Plural) 1G 2G 3G 4G 7G

수 (Zahlen)
기본수 (Kardinalzahlen) 7G
차례수 (Ordinalzahlen) 7G

어미 (Endungen)
2격 어미 7G
과거인칭어미 10G
복수형 어미 - 2G
인칭어미 2G 4G
특정관사어미변화 8G

어순 (Wortstellung)
동사의 위치 2G
어순 (Wortstellung) 2G 6G 7G

의문문 (Fragesatz)
　예/아니오 물음문 (*ja/nein*-Fragesatz) 2G
　의문사 물음문 (*W*-Fragesatz) 2G

인칭 (Person)
　1인칭 1G 2G 3G 4G 10G
　2인칭 2G 3G 4G 7G 10G
　3인칭 1G 2G 3G 4G 8G 10G
　비인칭 목적어 *es* (unpersönliches Objekt *es*) 9G
　비인칭 주어 *es* (unpersönliches Subjekt *es*) 5G
　인칭어미 2G 4G
　존칭 2G 6G
　친칭 2G 6G

전치사 (Präpositionen)
　2격을 취하는 전치사 7G
　3격 또는 4격을 취하는 전치사 6G
　3격을 취하는 전치사 6G
　4격을 취하는 전치사 6G
　da(r) + 전치사 8G
　wo(r) + 전치사 8G
　재귀동사 + 전치사 8G
　전치사 + 대명사 8G
　전치사 + 명사 8G
　전치사: 때와 시간 5G
　전치사: 장소, 방향 4G 5G 6G
　전치사와 특정관사의 축약 6G

접속사 (Konjunktion)
　복합문장 (zusammengesetzter Satz) 10G
　부문장 (Nebensatz) 10G
　상황어 10G
　종속접속사 10G
　주문장 (Hauptsatz) 10G

주어 (Subjekt)
　비인칭 주어 *es* (unpersönliches Subjekt *es*) 5G
　주어 (Subjekt) 2G 3G

첨사 (Partikel) 3G

Lebendiges Deutsch für Studenten I

대학생을 위한 활용 독일어 I

모범 답안

Lektion 1

(1) Das ist Gisela Neumann. Sie ist Studentin. Sie ist fleißig.
Das ist Peter Schmidt. Er ist Geschäftsmann. Er ist groß.
Das ist Martin Müller. Er ist Professor. Er ist nett.
Das ist Sabine Weber. Sie ist Professorin. Sie ist freundlich.
Das ist Alex Kunze. Er ist Arzt. Er ist reich.

(2) Wer ist das? - Das ist Clara Schumann.
Wer ist das? - Das ist ...

(3) Was ist das? - Das ist ein Bleistift.
(이하 질문 *Was ist das?* 생략) Das ist ein Kuli. Das ist ein Radiergummi. Das ist ein Schreibtisch. Das ist eine Brille. Das ist eine Tür. Das ist ein Buch. Das ist eine Lampe. Das ist eine Tafel. Das ist ein Bild. Das ist ein Etui. Das ist ein Heft. Das ist ein Rucksack. Das ist eine Uhr. Das ist ein Lineal.

(4) Sie Es
Sie Er
Es   Es
Er   Es

(5) *der* Mann *das* Kind *die* Brille *der* Computer *das* Heft *die* Kamera *der* Freund *die* Frau *die* Lampe *die* Schule *die* Freundin *der* Professor *das* Baby *der* Name *die* Professorin *die* Schülerin *die* Universität *das* Handy([hɛndi] 핸드폰)

(6) *der Mann* - der Computer - der Freund - der Professor - der Name
die Brille - die Kamera - die Frau - die Lampe - die Schule - die Freundin - die Professorin - die Schülerin - die Universität
das Kind - das Heft - das Baby - das Handy

(7) fleißig nett
freundlich groß
dick dünn
kurz lang
klein neu

Lektion 2

(1)

	studieren	finden	liegen	sagen	hören	gehen
ich	studiere	finde	liege	sage	höre	gehe
du	studierst	findest	liegst	sagst	hörst	gehst
Sie	studieren	finden	liegen	sagen	hören	gehen
er/sie/es	studiert	findet	liegt	sagt	hört	geht
wir	studieren	finden	liegen	sagen	hören	gehen
ihr	studiert	findet	liegt	sagt	hört	geht
Sie	studieren	finden	liegen	sagen	hören	gehen
sie	studieren	finden	liegen	sagen	hören	gehen

(2) 1. lerne 2. lebt 3. Wohnst 4. liegt 5. Studierst 6. macht 7. Kommen 8. Seid - sind 9. Lernt - lernt (또는 Lernen - lernen) 10. arbeitet - Arbeitest

(3) 1. er 2. sie 3. sie 4. ihr - ihr 5. Wir 6. Sie 7. du

(4) 1. Sie 2. du 3. ihr 4. du 5. Ich - Sie 6. er 7. Sie

(5) (예를 들면) 1. Kim Minho 2. Germanistik 3. in Seoul 4. aus Korea 5. Gisela Neumann

(6) 1. Wie 2. Was 3. Wo 4. Was 5. Woher

(7) (예를 들면) 1. wir lernen Englisch - wir lernen Deutsch 2. ich komme aus China - ich komme aus Korea 3. ich studiere hier Jura - ich studiere hier Germanistik 4. ich wohne in Seoul - ich wohne in Berlin

(8) 1. Woher kommen Sie? 2. Wie heißen Sie? / Wie ist Ihr Name? 3. Wo wohnen Sie? 4. Ich heiße Hong Gildong. / Mein Name ist Hong Gildong. 5. Ich bin Koreaner und studiere Germanistik. / Ich komme aus Korea und studiere Germanistik. 6. Ich bin *Student/Studentin*. / Ich studiere. 7. Kommen Sie aus Deutschland? / Sind Sie aus Deutschland? 8. Ich lerne Deutsch. 9. Ihr seid *nett/freundlich*. 10. Spielt ihr heute Tennis?

Lektion 3

① 1. Haben 2. Haben - haben 3. Hast - habe 4. Hat - hat 5. Habt

② 1. einen - eine 2. ø 3. keine 4. ein 5. einen 6. keinen

③ 1. nicht 2. keinen 3. keine 4. nicht 5. nicht 6. nicht

④ 1. mein 2. Seine 3. ihre 4. dein 5. Meine 6. Ihre 7. eure 8. ihr 9. ihren 10. Unsere

⑤ 1. denn 2. schon - noch 3. nur 4. schon - erst 5. erst

⑥ 1. Wie 2. Wie 3. Wie 4. Was 5. Was 6. Woher 7. Wo 8. wer

⑦ 1. Ja 2. Nein 3. Doch 4. Doch 5. Nein 6. Nein

⑧ 11: elf 12: zwölf 16: sechzehn 17: siebzehn 21: einundzwanzig 38: achtunddreißig 55: fünfundfünfzig 67: siebenundsechzig 75: fünfundsiebzig 83: dreiundachtzig 92: zweiundneunzig 99: neunundneunzig 101: (ein)hunderteins 123: (ein)hundertdreiundzwanzig 166: (ein)hundertsechsundsechzig 241: zweihunderteinundvierzig

⑨ der Bruder - Brüder; die Schwester - Schwestern; der Sohn - Söhne;
die Tochter - Töchter; der Vater - Väter; die Mutter - Mütter;
die Oma - Omas; das Mädchen - Mädchen; der Herr - Herren;
der Student - Studenten; die Studentin - Studentinnen; der Arzt - Ärzte;
der Tag - Tage; die Nacht - Nächte; das Jahr - Jahre;
das Haus - Häuser; das Zimmer - Zimmer; das Fenster - Fenster;
die Wand - Wände; die Lampe - Lampen; der Tisch - Tische;
der Stuhl - Stühle; das Bild - Bilder; die Schule - Schulen;
das Buch - Bücher; das Heft - Hefte; die Hand - Hände;
das Auge - Augen; der Park - Parks; der Wagen - Wagen(남부독일, 오스트리아: Wägen); das Auto - Autos; das Handy - Handys; der Kuli - Kulis

⸚	⸚e	⸚er	-(e)n	-s
Brüder	Söhne	Männer	Frauen	Omas
Töchter	Ärzte	Kinder	Schwestern	Parks
Väter	Tage	Häuser	Herren	Autos
Mütter	Nächte	Bilder	Studenten	Handys

(¨)	(¨)e	¨er	-(e)n	-s
Mädchen	Jahre	Bücher	Studentinnen	Kulis
Zimmer	Wände		Lampen	
Fenster	Tische		Schulen	
Wagen/Wägen	Stühle		Augen	
	Hefte			
	Hände			

10 1. Sind Sie verheiratet? 2. Wie alt sind Sie? 3. Haben Sie Kinder? 4. Wie viele Geschwister haben Sie? - Ich habe keine Geschwister. 5. Ich habe einen Bruder und eine Schwester. 6. Meine/Unsere Tochter studiert schon. 7. Mein/Unser Sohn ist erst siebzehn (Jahre alt). 8. Was ist Ihr Vater von Beruf? / Was macht Ihr Vater?

Lektion 4

(1) 1. isst, esst 2. fährst, fahre 3. haben, hast 4. hält 5. laufen, läuft 6. lesen 7. liest 8. nimmt 9. schläft 10. spricht 11. Sprichst 12. trifft 13. sind, bin

(2) 1. fährt ... ab 2. fängt ... an 3. steigt ... aus 4. kommst ... zurück 5. kommt ... an 6. bekommt 7. verlässt 8. bestellt 9. Kommt ... mit 10. Nimmst ... mit 11. lädt ... ein

(3) 1. ab 2. ein 3. los 4. an 5. aus

(4) 1. bis 2. von 3. nach 4. in, über, nach 5. in

(5) 1. ihn 2. es 3. sie 4. sie

(6) 1. die 2. Das 3. Die 4. Die

(7) 1. langsam 2. jeweils 3. etwa 4. ganz 5. (ein)mal 6. Einfach 7. noch

(8) das Reisebüro - Reisebüros   die Telefonnummer - Telefonnummern
die Tageszeitung - Tageszeitungen   die Hausfrau - Hausfrauen
die Fahrkarte - Fahrkarten   die Hausaufgabe - Hausaufgaben
der Augenarzt - Augenärzte   das Arbeitszimmer - Arbeitszimmer

⑨ 1. A: Wann fährt der Zug nach München ab? B: Einen Moment. Ich sehe mal nach. Der Zug fährt um 10 Uhr ab. A: *Wie viel*/*Was* kostet die Fahrkarte? B: Einfach oder hin und zurück? A: Hin und zurück, bitte. 2. A: Wann kommt Manfred in Frankfurt an? B: Um 2 Uhr (kommt er an). 3. A: Wie findest du *das*/*dieses* Bild? B: Ich finde es schön. 4. A: Kommst du auch mit? B: Nein, gleich beginnt der Unterricht/Nein, gleich fängt der Unterricht an. 5. Gisela nimmt die U-Bahn. 6. Der ICE hält hier nicht. 7. Der Zug fährt über Hannover nach Berlin. 8. Seine Freunde steigen in Köln um.

Lektion 5

① Es ist ...
1. dreizehn Uhr fünfzehn / Viertel nach eins. 2. sieben Uhr zwanzig / zwanzig nach sieben. 3. vier Uhr fünfundzwanzig / fünf vor halb fünf. 4. einundzwanzig Uhr zehn / zehn nach neun. 5. achtzehn Uhr dreißig / halb sieben. 6. zehn Uhr vierzig / zwanzig vor elf. 7. neun Uhr fünfunddreißig / fünf nach halb zehn. 8. dreiundzwanzig Uhr fünfundfünfzig / fünf vor zwölf. 9. zweiundzwanzig Uhr fünf / fünf nach zehn. 10. fünfzehn Uhr fünfundvierzig / Viertel vor vier.

② 1. Tobias: 5 21 43 fünf einundzwanzig dreiundvierzig 2. Karin: 89 12 87 neunundachtzig zwölf siebenundachtzig 3. Markus: 41 90 38 einundvierzig neunzig achtunddreißig 4. Joachim: 0175) 9 76 85 41 null eins sieben fünf, neun sechsundsiebzig fünfundachtzig einundvierzig 5. Minho: 010) 9876-5432 null eins null, neun acht sieben sechs, fünf vier drei zwo/zwei

③ 1. Wann 2. Wie lange 3. Wann / Um wie viel Uhr 4. Wie oft 5. Wie lange 6. Wann 7. Wie spät / Wie viel Uhr

④ 1. im 2. Am 3. um - zur 4. Nach - in 5. gegen / um 6. am - zu 7. ins

⑤ 1. A: Ihnen B: mir - Ihnen 2. A: dir B: dir 3. B: mir 4. A: mir

⑥ 1. -er 2. -em 3. -er 4. -em 5. -en 6. -e

⑦ (예를 들면) 1. Ich stehe etwa um sieben (Uhr) auf. 2. Etwa um acht (Uhr) / Gegen acht (Uhr) frühstücke ich. 3. Ja, wir sehen viel fern. / Nein, wir sehen nicht viel fern. 4. Gegen Mitternacht. 5. Ich gehe wandern. / Ich spiele Tennis. / Wir machen einen Ausflug. 6. 010-4213-3277 Null eins null, vier zwei(zwo) eins drei, drei zwei(zwo) sieben sieben/ Null eins null, zweiundvierzig, dreizehn, (dann) zweiunddreißig, siebenundsiebzig.   7. Meine E-Mail-Adresse ist freiheit@hanmail.net.

⑧ 1. Wie spät ist es jetzt? / Wie viel Uhr ist es jetzt? - Es ist elf Uhr fünfzehn. / Es ist Viertel nach elf.   2. Um wie viel Uhr fängt der Unterricht an? - Er beginnt um halb zwei/um ein Uhr dreißig.   3. Wie geht es Ihnen? Mir geht es gut. Und Ihnen?   4. Geht es deinem Bruder gut? - Ja. Wie geht es denn deiner Schwester?   5. Wann findet die Fußball-WM statt?   6. Manfred lädt seine Freundin ein.   7. Nina hilft ihrem Freund.   8. Ich rufe dich heute Abend an.   9. Hast du am Mittwoch keinen Unterricht?   10. Ich wünsche Ihnen eine gute Reise!   11. Was macht ihr nach dem Unterricht? - Wir gehen nach Hause.

Lektion 6

① 1. Fragen Sie doch Ihren Lehrer!   2. Lesen Sie mal den Roman!   3. Essen Sie die Suppe auf!   4. Sprechen Sie doch laut!   5. Nehmen Sie Platz!   6. Seien Sie doch ruhig!   7. Rufen Sie mich morgen an!

1. Entschuldige!   2. Bitte antworte!   3. Fahr nach Haus!   4. Komm herein!   5. Mach bitte die Tür auf!   6. Lass mich bitte in Ruhe!   7. Bitte gib mir das Handy!   8. Iss doch langsam!   9. Hilf mir!   10. Sprich nicht so laut!   11. Nimm Platz!   12. Lies bitte meine E-Mail   13. Sieh nicht so viel fern!   14. Sei bitte ruhig!

1. Legt die Schuhe nicht auf das Bett!   2. Gebt meinem Kind keine Schokolade!   3. Nehmt mich ein Stück mit, bitte!   4. Seid ruhig!

② 1. an der   2. auf dem   3. im   4. im   5. über den   6. vor der   7. *im/auf dem*   8. hinter dem   9. auf dem   10. zwischen den

③ 1. zum, entlang, nach   2. gegenüber   3. durch   4. aus der   5. Bei   6. bis zum   7. um   8. nach   9. von

④ 1. ihren   2. sein   3. seinem   4. ihr   5. ihre   6. ihren   7. seinen   8. Ihrer   9. meinen   10. deinen   11. unsere

⑤ 1. die   2. den   3. das   4. das   5. der   6. dem   7. das, die

⑥ 1. A: Stell die Tasse(n) auf den Tisch! B: Sie steht(stehen) schon auf dem Tisch.   2. Bring mir den Stuhl!   3. Lass mich in Ruhe!   4. Antwortet bitte!   5. Lest doch mal Bücher!   6. *Räum/Räumt* das Zimmer endlich auf!   7. Nimm Platz!   8. Machen Sie das Buch zu! 9. Machen wir nach dem Essen weiter! 10. A: Häng den Kalender an die Wand! B: Er hängt schon an der Wand.

Lektion 7

① 1. muss 2. Kannst, muss 3. darf 4. möchten 5. Kannst 6. brauche 7. soll 8. will 9. brauchen 10. darfst

② 1. Dürfen 2. *Soll/Muss* 3. will 4. soll 5. sollst 6. Kannst 7. muss, kann 8. möchte 9. *Wollen/Möchten* 10. soll 11. muss

③ Ute: Wollen Olaf: *will/möchte* Ute: *will/möchte* Olaf: kannst, Darf Kellnerin: darf

④ 1. des Bahnhofs 2. meinem Sohn 3. meines Bruders 4. des Studenten (약변화 명사) 5. der 6. meinen Kindern 7. meines Kollegen (약변화 명사) 8. des Monats 9. des Kunden (약변화 명사) 10. dem Jungen (약변화 명사) 11. *den* Namen des Herrn

⑤ 1. die Tür des Hauses 2. der Schlüssel des Wagens 3. der Name des Präsidenten 4. die Handynummer des Studenten 5. der Hut der Dame 6. die Eltern der Kinder

⑥ 1. Ich gehe einkaufen. 2. Udo muss seiner Mutter helfen. 3. Helmut, wohin willst du (*gehen/fahren*)? / Wo willst du hin? 4. Wegen der Erkältung muss ich zum Arzt gehen. 5. Die Hauptstadt der Bundesrepublik Deutschland ist Berlin. / Die Hauptstadt von Deutschland ist Berlin. 6. Darf man hier parken?/ Darf ich hier parken? 7. Der Arzt sagt, du sollst nicht rauchen. 8. Ich möchte *einen Kaffee/eine Tasse* Kaffee (trinken). 9. Können Sie Deutsch (sprechen)? 10. Wann hast du Geburtstag? - Am 31. (einunddreißigsten) Mai. / Am einunddreißigsten Fünften.

Lektion 8

1 1. wird 2. Wisst, wissen 3. willst, werden, will, werden 4. will, Weißt, soll, wissen

2 1. sich 2. mir (동사 waschen이 재귀 동사로 사용될 때 뒤에 4격 목적어가 오면 3격 재귀대명사가 온다) 3. mir 4. sich 5. uns 6. sich 7. euch 8. dich 9. mich 10. sich

3 1. an (*an jn. denken*: ~을 생각하다) 2. für (*jn. für etw. halten*: ...을 ~로 간주하다) 3. zum (*jn. zu etw. einladen*: ...을 ~에 초대하다) 4. auf (*auf. etw. warten*: ~을 기다리다) 5. von (*jm. von etw. erzählen*: ...에게 ~에 대해 설명하다) 6. mit 7. an 8. für (*sich für etw. interessieren*: ~에 대하여 관심이 있다) 9. über (*sich über etw. unterhalten*: ~에 대하여 이야기 나누다) 10. von (*sich von jm. verabschieden*: ~와 헤어지다) 11. an (*sich an etw. erinnern*: ~을 기억하다) 12. auf (*sich auf etw. freuen*: ~을 고대하다)

4 1. -e (*jm. für etw. danken*: ...에게 ~에 대하여 감사하다) 2. -er 3. -en, -ie (*sich mit jm. über etw. unterhalten*: ...와 ~에 대하여 이야기 나누다) 4. -m (*zum Arzt gehen*: 병원에 가다) 5. -em 6. -em/-en 7. -ie 8. -e 9. -em (*von etw. begeistert sein*: ~에 도취되다) 10. -en

5 1. Wofür, dafür 2. Mit wem, Womit 3. Auf wen, auf sie 4. Woran 5. Worüber 6. Worüber 7. Von wem 8. daran

6 1. -er 2. -es 3. -er 4. -en 5. -en

7 1. Gisela wäscht sich die Haare und putzt sich die Zähne. 2. Die Mutter wäscht ihrem Kind die Hände. 3. Theo denkt an seine Eltern *in Amerika/in den USA*. 4. Interessierst du dich für Politik? - Nein, ich interessiere mich nicht dafür. 5. Die Studentin hat am Freitagabend eine Verabredung mit *ihrem Freund/ihrer Freundin*. 6. Was willst du werden? - Ich will *Kurator/Kuratorin* werden. 7. Setzen Sie sich auf diesen Stuhl! / Nehmen Sie diesen Platz! 8. Auf wen wartest du? - (Ich warte) auf meinen Kollegen. 9. Worüber unterhaltet ihr euch? - (Wir unterhalten uns) über die Party. 10. Herr Müller braucht sich heute den Bart nicht zu rasieren. 11. Wann *gehst/fliegst* du nach Deutschland? - Ich weiß es noch nicht.

Lektion 9

1 1. sagen 2. warten 3. sehen 4. trinken 5. helfen 6. gehen 7. essen 8. wissen 9. einkaufen 10. bezahlen

2
ge___t	ge___en	___t	___en	__ge__t	__ge__en
geantwortet	gebeten	besucht	begonnen	abgeholt	angekommen
gebracht	geblieben	gratuliert	bekommen	eingekauft	angerufen
gedacht	geflogen	studiert	vergessen	mitgemacht	aufgestanden
gehabt	gefahren	übersetzt	verloren		eingeladen
gehört	gefunden	wiederholt			
gekannt	gegeben				
gesagt	gegangen				
	gewonnen				
	gelaufen				
	geschlafen				
	geschwommen				

3 1. gemacht 2. gesehen 3. gehört 4. geregnet 5. getrunken 6. gewaschen

4 1. Habt ihr euch ein Auto gekauft? 2. Ihr habt sehr fleißig gearbeitet. 3. Der Professor hat dem Studenten ein Buch gegeben. 4. Peter hat mir einen Brief geschrieben. 5. Monika hat an der Universität Münster studiert. 6. Gisela hat Minho vor dem Theater getroffen. 7. Herr Müller hat den Schlüssel nicht gefunden. 8. Ich habe meinen Vater um Geld gebeten. 9. Ich habe meinem Vater geholfen. 10. Sie hat Herrn Schmidt nicht gekannt. 11. Ich habe dir eine Flasche Wein mitgebracht. 12. Olaf hat zu viel ferngesehen. 13. Herr Krüger hat Frau Schönberg unterbrochen. 14. Gisela hat ihre Freunde zur Geburtstagsparty eingeladen. 15. Wir haben uns über das Fußballspiel unterhalten.

5 1. bist 2. haben 3. Sind 4. sind 5. bin 6. hat 7. habe 8. hat - ist 9. ist 10. bin

6 bin - aufgewacht bin - gelaufen wollte war war habe - angezogen bin - gegangen (und로 결합된 문장에서 주어가 같더라도 동사가 틀린 경우 haben과 sein동사를 따로 써준다. 즉 gehen동사는 sein과 anziehen동사는 haben과 결합한다) hat - geschlossen bin - gefahren gehabt

⑦ 1. Herr Krüger hatte es eilig. 2. Ich wollte unbedingt den Film sehen. 3. Hier durfte man nicht rauchen 4. Wart ihr beim Arzt? 5. Daniel konnte nicht mit nach Korea fliegen. 6. Sylvia wollte auch nach Korea fliegen. (Sylvia möchte...의 과거형이 없으므로 Sylvia wollte...를 대신 사용한다)

⑧ 1. Ich habe mich mit Sophie über Musik unterhalten. 2. Ich habe meiner Mutter beim Kochen geholfen. 3. Ich habe mein Zimmer aufgeräumt. 4. Ich habe Freunde zum Essen eingeladen. 5. Ich bin mit Freunden ausgegangen. 6. Ich habe eine E-Mail geschrieben. 7. Ich bin in die Stadt gefahren. 8. Ich bin zu Hause geblieben. 9. Ich habe meine Großeltern besucht.

⑨ 1. Ich habe zwei Jahre (lang) in Deutschland studiert. 2. Ich habe gestern das Fußballspiel Korea gegen Japan im Fernsehen gesehen. 3. Er ist mit der U-Bahn in die Stadt gefahren und hat ein Buch gekauft. 4. Sie hat ihre Freunde zur Geburtstagsparty eingeladen. 5. Er konnte das Buch überhaupt nicht verstehen. 6. Ich habe Minsu lange nicht mehr gesehen. Wie geht es ihm? - Ihm geht es gut/Er hat es gut. 7. Hast du jetzt Zeit? - Nein, es tut mir leid. Ich habe es eilig. 8. Der Film hat *gerade/eben begonnen/angefangen*. 9. Das Essen ist fertig. Hast du dir die Hände gewaschen? 10. Gestern habe ich Peter angerufen.

Lektion 10

① 1. arbeitete 2. wollte - ging 3. traf - machte 4. dachte 5. passierte - stand 6. lief - musste

② 1. Haben - ist 2. bist - hatte 3. habe 4. hatte 5. hatte 6. sind 7. hatte

③ 1. Als 2. Als 3. Wenn 4. als 5. Wenn 6. wenn

④ 1. Als ich im letzten Sommer in Busan war, besuchte ich meinen Onkel. 2. Als es dunkel war, kam das Mädchen nach Hause zurück. 3. Wenn du keine Lust hast, gehe ich allein. 4. Wenn ich Zeit hatte, ging ich immer ins Theater. 5. Wenn die Sonne scheint, dann nehme ich euch mit in den Park.

⑤ 1. Walter ist nicht gekommen, weil er krank war. 2. Ich konnte nicht mitkommen, weil ich zum Arzt musste. 3. Der Polizist stellt Fragen an Herrn Weber, weil er Zeuge des Unfalls war. 4. Peter arbeitet, weil er Geld verdienen muss. 5. Weil die

Schildkröte so langsam war, machte sich der Hase über sie lustig.

(6) war - bekam - trug - nannten - sagte - wohnte - lag - kam - traf - fragte - antwortete - sprach - lief - pflückte - wollte - ging - öffnete - trat - fraß - zog - legte - wartete

(7) 1. Wo waren Sie (denn), als der Unfall passierte? 2. Wenn ich Zeit hatte, ging ich immer ins Kino. / Immer wenn ich Zeit hatte, ging ich ins Kino. 3. Wenn es regnete, ging er nicht aus. 4. Wenn die Sonne scheint, will ich spazieren gehen. 5. Gestern habe ich endlich das Buch bekommen. Darauf hatte ich so lange gewartet. 6. Als wir im Kino ankamen, hatte der Film schon angefangen. 7. Als ich nach Hause kam, war mein Freund schon weggegangen. 8. Nachdem er seinen Freund angerufen hatte, *ging/fuhr* er in die Stadt. 9. Ich konnte nicht zu seiner Geburtstagsparty (gehen), weil ich krank war. 10. Heute Morgen konnte ich mir *nicht die Haare* (또는 *die Haare nicht*) waschen, weil ich verschlafen hatte.